［清］曾国藩 著

挺經冰鑒

中国友谊出版公司

图书在版编目（CIP）数据

挺经　冰鉴 /（清）曾国藩著. -- 北京：中国友谊出版公司，2013.12（2020.8 重印）
（学而书馆）
ISBN 978-7-5057-3263-6

Ⅰ. ①挺… Ⅱ. ①曾… Ⅲ. ①曾国藩（1811～1872）—谋略②人才学—中国—清代 Ⅳ. ①K827=52 ②C96

中国版本图书馆 CIP 数据核字（2013）第 268885 号

书名	挺经　冰鉴
作者	[清] 曾国藩
出版	中国友谊出版公司
发行	中国友谊出版公司
经销	新华书店
印刷	唐山富达印务有限公司
规格	640×960毫米　16开
	7.25印张　94千字
版次	2014年1月第1版
印次	2020年8月第3次印刷
书号	ISBN 978-7-5057-3263-6
定价	39.80元
地址	北京市朝阳区西坝河南里17号楼
邮编	100028
电话	(010) 64678009

版权所有，翻版必究
如发现印装质量问题，可联系调换
电话　(010) 59799930-601

目录

挺　经	...001
内圣	...003
励志	...008
家范	...012
明强	...015
坚忍	...020
刚柔	...023
英才	...027
廉矩	...031
勤敬	...035
诡道	...039

久战 ...043

廪实 ...045

峻法 ...049

外王 ...052

忠疑 ...055

荷道 ...059

藏锋 ...063

盈虚 ...067

冰 鉴 ...071

神骨 ...073

刚柔 ...077

容貌 ...080

情态 ...084

须眉 ...086

声音 ...089

气色 ...092

附 录 ...097

曾国藩遗嘱 ...099

清史稿·列传一百九十二 曾国藩传 ...101

《曾文正公嘉言钞》序 ...110

挺经

内圣

一

细思古人工夫，其效之尤著者，约有四端：曰慎独①则心泰，曰主敬则身强，曰求仁则人悦，曰思诚则神钦。

慎独者，遏欲不忽隐微，循理不间须臾②，内省不疚，故心泰。主敬者，外而整齐严肃，内而专静纯一，斋庄③不懈，故身强。求仁者，体则存心养性④，用则民胞物与⑤，大公无私，故人悦。思诚者，心则忠贞不贰，言则笃实不欺，至诚相感，故神钦。

四者之功夫果至，则四者之效验自臻。余老矣，亦尚思少致吾功，以求万一之效耳。

【注释】

① 慎独：古人的一种修身方法，指个人独处时能自觉律己，谨慎所思所行，修持道义。泛指守住自我道德本性和本心。语见《大学》："所谓诚其意者，毋自欺也。如恶恶臭，如好好色，此之谓自谦。故君子必慎其独也。"

② 须臾：梵语，外来词。指极短的时间，片刻。语见《荀子·劝学》："吾尝终日而思矣，不如须臾之所学也。"

③ 斋庄：斋，斋戒。指使自己身心清洁、言行规整、精神专注的行为和活动。《说文解字》："斋，戒洁也。"庄，庄重。

④ 存心养性：保存赤子之心，修养善良之性。旧时儒家宣扬的修身方法。语出《孟子·尽心上》："存其心，养其性，所以事天也。"

⑤ 民胞物与：语出北宋思想家张载《西铭》："民吾同胞，物吾与也。"意为民为同胞，物为同类。泛指爱人和一切物类。

【译文】

仔细思索古人修身方面的要义，其成效特别显著的约有四个方面：谨慎独处，则心胸安泰；庄严恭敬，则身体强健；追求仁义，则众人爱戴；正心诚意，则神灵钦敬。

独处时谨慎不苟，就是遏制欲念，连最隐蔽微小处也不忽视，遵循自然之理而行，一刻也不间断，这样自省才无愧于心，心胸安泰。庄严恭敬，就是仪容整齐严肃，内心宁静专一，修养心性，端正庄重不懈怠，所以身体强健。追求仁义，保存赤子之心，修养善良之性，视百姓为同胞，以万物为朋友，大公无私，做到如此，自然人民爱戴。正心诚意，即内心忠贞不贰，言语笃实无欺，以至诚之心感应天地万物，因此神灵钦敬。

如果真能达到上述四方面的修身功夫，那么效验自然显现。我已年迈了，却还想在修身方面下功夫，来求得万分之一的成效。

二

尝谓独也者，君子与小人共焉者也。小人以其为独而生一念之妄，积妄生肆，而欺人之事成。君子懔①其为独而生一念之诚，积诚为慎，而自慊②之功密。其间离合·几微之端，可得而论矣。

【注释】

① 懔：畏惧，害怕。

② 慊（qiàn）：憾，不满。《礼记·坊记》："贵不慊于上者。"

【译文】

我曾说过，"独处"是君子和小人都能感受到的。小人会因为自己独处而产生非分的念头，非分之想积聚多了就会任意妄为，由此欺人的坏事便常常发生。而君子忧惧自己独处，所以会生出诚敬的念头。诚敬的念头积聚多了就会处事更谨慎，由此对自己不满意的德行下功夫匡正。君子和小人两者的差距，可由此来评判。

三

盖《大学》自格致①以后，前言往行，既资其扩充；日用细故，亦深其阅历。心之际乎事者，已能剖析公私；心之丽乎理者，又足精研其得失。则夫善之当为，不善之宜去，早画然其灼见矣。

而彼小人者，乃不能实有所见，而行其所知。于是一善当前，幸人之莫我察也，则趋焉而不决。一不善当前，幸人之莫或伺也，则去之而不力。幽独之中，情伪斯出，所谓欺也。惟夫君子者，惧一善之不力，则冥冥者有堕行；一不善之不去，则涓涓者无已时。

屋漏②而懔如帝天，方寸而坚如金石。独知之地，慎之又慎。此圣经之要领，而后贤所切究者也。

【注释】

①格致：即格物致知。语见《礼记·大学》："至知在格物，物格而后知至。"意谓推究事物，方能获得事物的知识。

②屋漏：古代室内西北角设小帐，安放神主的地方。泛指暗处。《诗经·大雅·抑》："相住尔室，尚不愧于屋漏。"《毛传》："西北隅谓之屋漏。"

【译文】

自从《大学》提出穷究事物的原理获得知识，以往的言论行为都可用作个人开阔眼界充实知识的资料，日常处理的琐事问题，更可深化个人的阅历见识。这样，人在遇到实事时，就可以剖析公私的区别；在涉及道理时，又足以精辟地研究其得失。那么对于善事应当做，不善的坏毛病应改正，这些我早已清楚地认识到了。

而那些小人却不能有此见识，去实行他所知道该做的事。于是做一件好事，唯恐别人不知道是自己干的，去做时迟疑不决。而做了一件坏事，深怕别人细察知道了，所以改正得很不彻底。

自己独处的时候，虚假的情弊自然会产生，这就是欺骗啊！而君子，唯恐做一件善事不彻底，在晦暗中会做出堕落的行为；一个坏毛病不改正，就会像涓涓流水一样长年犯错。

暗室之中懔然不动如同面对天神，心意坚硬如同金石。在他人不知道的地方单独行事，也要慎之又慎。这是圣人遵奉的准则，也是后世贤人切实研究的问题。

四

修己治人之道，止勤于邦，俭于家，言忠信，行笃敬四语，终身用之有不能尽，不在多，亦不在深。

古来圣哲胸怀极广，而可达天德者，约有四端：如笃恭修己而生睿智，程子①之说也；至诚感神而致前知，子思②之训也；安贫乐道而润身睟面，孔颜曾孟③之旨也；观物闲吟而意适神恬，陶白苏陆④之趣也。

自恨少壮不知努力，老年常多悔惧，于古人心境，不能领取一二。反复寻思，叹喟无已。

【注释】

① 程子：北宋思想家程颢、程颐。此派认为，教育的目的在于培养圣人，"君子之学，必至圣人而后已。不至圣人而自已者，皆弃也"，要使受教育者循天理，仁民而爱物。

② 子思：孔子嫡孙。春秋战国时期儒家学派思想家。上承曾子，下启孟子，在孔孟道统的传承中有重要地位。

③ 孔颜曾孟：孔子、颜子、曾子、孟子。皆儒家学派思想家。

④ 陶白苏陆：陶渊明、白居易、苏轼、陆游。四者均为著名诗人。

【译文】

自身修养和治理国家的道理，有四句话终身适用且受益无穷，这就是：勤于政事，节俭治家，言语忠实守信，行事笃实无欺。可见话不在多，也不在于多么深刻啊。

古往今来圣哲们的胸怀极为宽广，而可达圣德境界的，约有四种：笃实谦恭，注重自我修养而聪明睿智，是二程的主张；精诚感动神灵而生而知之，是子思的遗训；安贫乐道而身体健康面无忧色，是孔子、颜回、曾子、孟子的要旨；欣赏大自然的美妙，吟诗作赋，而心意安适、精神愉悦，是陶渊明、白居易、苏轼、陆游的人生乐趣。

　　我常悔恨自己少壮不知努力，而到老年往往多生悔惧之心，对于古代圣哲们的心境情趣，不能领略一二分。如今反复寻思，感慨不已。

砺志

一

人苟能自立志，则圣贤豪杰何事不可为？何必借助于人！"我欲仁，斯仁至矣。"我欲为孔、孟，则日夜孜孜，惟孔、孟之是学，人谁得而御我哉？

若自己不立志，则虽日与尧、舜、禹、汤同住，亦彼自彼，我自我矣，何与于我哉！

【译文】

一个人如果能够自己立志，那么像圣贤豪杰那样又有什么事情做不到呢？何必一定要依靠别人呢？"我想为仁，仁也就来了。"我想继承孔子、孟子的道义，那么我就日日夜夜孜孜不倦地学习和研究孔孟之道，又有谁能够阻挡我呢？

如果自己不立志，即使天天跟尧、舜、禹、汤在一起，也依旧是圣人是圣人，自己是自己，圣人与我又有什么相干呢？

二

君子之立志也，有民胞物与之量，有内圣外王①之业，而后不忝②于父母之生，不愧为天地之完人。

故其为忧也，以不如舜、不如周公为忧也，以德不修、学不讲为忧也。是故顽民梗化则忧之，蛮夷猾夏③则忧之，小人在位、贤才否闭则忧之，匹夫匹妇不被己泽则忧之，所谓悲天命而悯人穷，此君子之所忧也。

若夫一身之屈伸，一家之饥饱，世俗之荣辱得失、贵贱毁誉，君子固不暇忧及此也。

【注释】

①内圣外王："内圣"乃人格理想，表现为"不离于宗，谓

之天人；不离于精，谓之神人；不离于真，谓之至人。以天为宗，以德为本，以道为门，兆于变化，谓之圣人；以仁为恩，以义为理，以礼为行，以乐为和，熏然慈仁，谓之君子"。"外王"为政治理想，表现为"以法为分，以名为表，以参为验，以稽为决，其数一二三四是也，百官以此相齿；以事为常，以衣食为主，蕃息畜藏，老弱孤寡为意，皆有以养，民之理也"。内圣外王，即将人格、事功贯通为一，美美与共，以成天地久大之业。《庄子·天下》云："圣有所生，王有所成，皆原于一（道）。"此即"内圣外王之道"。

②忝（tiǎn）：辱，有愧于，常用作谦辞。《说文解字》："忝，辱也。"

③蛮夷猾夏：外族侵扰中原。《尚书·舜典》："帝曰：皋陶，蛮夷猾夏，寇贼奸宄，汝作士。五刑有服，五服三就；五流有宅，五宅三居。惟明克允。"

【译文】

君子立志，应有包容万民万物的气概，成就自身内在人格和外在事功大业的雄心壮志。这样奋发，才无愧于父母的养育之恩，不愧为人世间完美的圣人。

所以，君子忧虑的是事业成就不如舜帝、不如周公，是不修道德不精通学业。因此，当社会腐败、刁民顽固不化他就忧虑；外敌入侵，干扰人民他就忧虑；小人当道，有才德的人被排斥埋没，他就忧虑；平民百姓没有得到自己的恩泽，他就忧虑。常说的忧国忧民、怜悯贫弱，这才是君子应当忧虑的大事呀。

至于个人的成败，自家的温饱，世俗生活中的荣辱得失、地位名誉等，有壮志的君子是没工夫去忧虑的。

三

明德、新民、止至善①，皆我分内事也。若读书不能体贴到身上去，谓此三项与我身了不相涉，则读书何用？虽使能文能诗，博雅自诩，亦只算得识字之牧猪奴耳！岂能谓之明理有用之人也乎？

朝廷以制艺②取士，亦谓其能代圣贤立言，必能明圣贤之理，行圣贤之行，可以居官莅民、整躬率物也。若以明德、新民为分外事，则虽能文能诗，而于修己治人之道实茫然不讲，朝廷用此等人作官，与用牧猪奴作官何以异哉？

【注释】

① 德、新民、止至善：《大学》："大学之道，在明明德，在亲民，在止于至善。""明明德"，意指彰明美德。"亲民"又为"新民"，意为启迪百姓心智，使其弃旧图新，去恶从善，这就是将自己的美好道德推己及人，不断求取进步。"止于至善"，宋代朱熹在《大学章句》中解释说："止者，必至于是而不牵之意；至善，则事理当然之极也。言明明德、新民，皆当至于至善之地而不迁。"也就是说，修身育人，必须达到完美的境界。

② 制艺：即八股文，又称时文、制义。中国明清两代科举考试采用的一种专门文体。

【译文】

培养美德，教化民众，达到最完善的境界，这些都是我们分内的事。如果读书不能落实到自己身上，以为上面三项与自身毫不相干，那么读书又有什么用？即使能作文赋诗，洋洋自得于自身的渊博高雅，也只算得认识几个字的放猪仔罢了，哪里能称得上是深明大义的有用之才呢？

现今，朝廷依据科举文章的优劣选用人才，正是认为这些人既然能按照圣贤的意图立论写文章，必定也能明白圣贤奉行的道理，仿效圣贤的行为，可以官居显位而不脱离百姓，鞠躬尽瘁地遵循正理办事。如果认为培养德行、教化民众是分外的事，那么虽能写诗作文，但对修养自身、治理国家的道理茫然无知，国家用这种人作官，和用放猪仔作官又有什么区别呢？

四

累月奔驰酬应，犹能不失常课，当可日进无已。人生惟有常是第一美德。

余早年于作字一道，亦尝苦息力索，终无所成。近日朝朝摹写，久不间断，遂觉月异而岁不同。

可见年无分老少，事无分难易，但行之有恒，自如种树畜养，日见其大而不觉耳。进之以猛，持之以恒，不过一二年，精进而不觉。言语迟钝，举止端重，则德进矣。作文有峥嵘雄快之气，则业进矣。

【译文】

成年累月地奔走应酬，还能坚持学习，当然能日日长进。人生唯有做事持之以恒是第一美德。

我早年对于书法一道，也曾苦力探索，却终无成就。近日来天天摹写，从无间断，就觉得有所长进，可说日新月异。

可见年龄无论大小，事情无论难易，只要持之以恒地做了，就像种植畜养一般，天天看它长大却感觉不到。尽力前进，坚持不懈，不过一二年工夫，自然有无形的长进。言语沉稳，举止端重，则德性长进。作文章有峥嵘雄快之气，则学业就有长进。

家范

一

家中兄弟子侄,惟当记祖父之八个字,曰:"考、宝、早、扫、书、蔬、鱼、猪。"又谨记祖父三不信,曰:"不信地仙、不信医药、不信僧巫。"

余日记册中又有八本之说,曰:"读书以训诂为本,作诗文以声调为本,事亲以得欢心为本,养生以戒恼怒为本,立身以不妄语为本,居家以不晏起为本,作官以不要钱为本,行军以不扰民为本。"此八本者,皆余阅历而确有把握之论,弟亦当教诸子侄谨记之。

无论世之治乱,家之贫富,但能守星冈公之八字、余之八本,总不失为上等人家。

【译文】

家中兄弟子侄,应当牢记祖父训诫的八个字:考、宝、早、扫、书、蔬、鱼、猪。即敬奉祖先、礼让亲邻、早起、洒扫、读书、种菜、养鱼、养猪。又当谨记祖父的三不信:不信地仙、不信医药、不信僧巫。

我日记中又有八本的说法:读书以训诂为本,作诗文以声调为本,侍奉长辈以令其欢心为本,修养身心以戒怒为本,立身以诚信为本,居家以早起为本,做官以廉洁为本,行军以不扰民为本。这八本,都是我亲身经历、行之有效的经验之谈,弟弟也应当教育众子侄谨记实行。

无论治世还是乱世,家贫还是家富,只要能遵守祖父星冈公的八字与我的八本之说,总不失为让人尊重的上等人家。

二

士大夫之家不旋踵①而败，往往不知乡里耕读人家之耐久。所以致败之由大约不出数端。家败之道有四，曰：礼仪全废者败；兄弟欺诈者败；妇女淫乱者败；子弟傲慢者败。身败之道有四，曰：骄盈凌物者败；昏惰任下者败；贪刻兼至者败；反复无信者败。未有八者全无一失而无故倾覆者也。

【注释】

①旋踵：掉转脚跟，比喻时间极短。

【译文】

士大夫之家不顷刻衰败，往往不知道乡村耕读之家的家运耐久。导致衰败的缘由大约不出这几个方面。使家业凋敝的原因有四条：不讲求礼仪的人家必衰败；兄弟彼此欺诈不和的人家必衰败；妇女淫荡秽乱的人家必衰败；子弟傲慢轻侮他人的人家必衰败。使自身衰败的原因也有四条：骄傲自大、恃才傲物的人必衰败；昏庸懒惰、偏信下属的人必衰败；贪婪苛刻、求全责备的人必衰败；反复无常、不讲信誉的人必衰败。从来没见过以上八种弊病一丝不染而无故倾家败身的。

三

凡天下官宦之家，多只一代享用便尽，其子孙始而骄佚，继而流荡，终而沟壑，能庆延一二代者鲜矣。商贾之家，勤俭者能延三四代；耕读之家，谨朴者能延五六代；孝友之家，则可以绵延十代八代。

我今赖祖宗之积累，少年早达，深恐其以一身享用殆尽，故教诸弟及儿辈，但愿其为耕读孝友之家，不愿其为仕宦起见。若不能看透此层道理，则虽巍科显宦，终算不得祖父之贤孝，我家之功臣。若能看透此道理，则我钦佩之至。

澄弟每以我升官得差，便谓我孝子贤孙，殊不知此非贤孝也。如以此为贤孝，则李林甫①、卢怀慎②辈，何尝不位极人臣，舄奕③一时，讵得谓之贤孝哉？予自问学浅识薄，谬膺高位，然所刻刻留心者，此时虽在宦海之中，却时作上岸之计。要令罢官家居之日，己身可以淡泊，妻子可服劳，可对祖父兄弟，可以对宗族乡党。如是而已。

【注释】

① 李林甫：唐玄宗李隆基时著名奸相。为人忌刻阴险，极尽逢迎谄媚之能事。时人称之"口有蜜，腹有剑"。

② 卢怀慎：武则天时任监察御史，后历任侍御史、御史大夫，玄宗开元元年任宰相。凡事避让，为官清廉，生活贫寒。

③ 舄（xì）奕：光耀，显耀。东汉应场《文质论》："衮冕旗旒，舄奕乎朝廷。"

【译文】

天下凡是官宦人家，繁华权贵大多仅仅一代便享用殆尽。其子孙开始时骄横懒散，继而风流浪荡，最终死于困厄，能够有幸延续一二代的非常少见。至于商贾巨富之家，勤俭持家的能延续三四代。耕读为业之家，谨慎朴实的能延续五六代。孝敬长辈、友善和睦的人家，则能延续十代八代。

现今我托赖祖宗积累的德行，少年得志，家业发达，却唯恐我一人享用殆尽，因此教育各位弟弟及侄儿辈，希望成为半耕半读、孝悌友睦之家，而不要成为仕宦之家。如果不能识透这番道理，那么即使科举高中，官位显赫，终算不得祖父辈贤能孝义的子孙、振我家声的功臣。如果能识透这番道理，那么我钦佩之至。

澄弟一直认为我升官得志，便说我是孝子贤孙。殊不知这并不是贤德孝义啊。如果以此为贤德孝义，那么李林甫、卢怀慎之流，何尝不是位极人臣、显赫一时的人物，难道可以说他们也是贤孝之人吗？我自知学识浅薄，误登高位显爵，于是事事留心，时时在意。此时虽身在仕途宦海之中，却时刻有弃官归家的打算，如果到了弃官归家的时候，自身能淡泊名利，妻子也可以担任劳作，这样才可对得起祖父兄弟，也才对得起宗族乡亲，仅此而已。

明强

一

三达德①之首曰智，智即明也。古豪杰，动称英雄，英即明也。明有二端：人见其近楼则所见远矣，登山则所见更远矣。精明者，譬如至微之物，以显微镜照之，则加大一倍、十倍、百倍矣。又如粗糙之米，再舂则粗糠全去，三舂、四舂，则精白绝伦矣。

【注释】

①三达德：指"知（智）""仁""勇"三大品行。《中庸》第二十章："天下之达道五，所以行之者三。曰君臣也，父子也，夫妇也，昆弟也，朋友之交也。五者，天下之达道也。知、仁、勇三者，天下之达德也，所以行之者一也。或生而知之，或学而知之，或困而知之，及其知之，一也。或安而行之，或利而行之，或勉强而行之，及其成功，一也。子曰，好学近乎知，力行近乎仁，知耻近乎勇。知斯三者，则知所以修身；知所以修身，则知所以治人；知所以治人，则知所以治天下国家矣。"

【译文】

"智、仁、勇"三项天下通行的德行中，排在首位的是"智"，智就是明。古往今来，豪杰才俊、志士仁人都被称为英雄，英也就是明的意思。所谓明，有两个方面：他人只看到近前的事物便以为远，我则立足高远，看见更深远的事物，这叫高明。好比身处一室之中，人们只能看近处的景物，若登上高山，所见就远了。他人只看到明显的东西，我则可看见细微的东西，这叫精明。就如极为细微之物，用显微镜看它，会放大一倍、十倍、百倍。又如满是粗糠的糙米，舂两遍就可除去粗糠，舂上三遍四遍，就精细白净到极点了。

二

高明由于天分，精明由于学问。吾兄弟忝居大家，天分均不甚高明，专赖学问以求精明。好问若买显微之镜，好学若舂上熟之米。总须心中极明，而后口中可断。能明而断谓之英断，不明而断谓之武断。

武断自己之事，为害犹浅；武断他人之事，招怨实深。惟谦退而不肯轻断，最足养福。

【译文】

人是否高明取决于天赋资质，是否精明则全赖后天学习钻研的程度。我曾氏兄弟如今侥幸身居高位，天赋资质都不算很高明，全靠学习钻研来求得精明。好问如同购买显微镜，可深知细微之处。好学如同舂上等收成的米，可去粗取精。总之，必须心中了如指掌，而后才可说出自己的决断。对事物能了解明白再做决断，就叫英断；稀里糊涂就做决断，称之为武断。

对自己的事武断，产生的危害还不大；对他人的事武断，则招致的怨恨就很深了。只有谦虚退让而不肯轻易做决断，才足以保住福分。

三

至于担当大事，全在明强二字。《中庸》学、问、思、辨、行五者①，其要归于愚必明，柔必强。凡事非气不举，非刚不济，即修身养家，亦须以明强为本。

难禁风浪四字譬还，甚好甚慰。古来豪杰皆以此四字为大忌。吾家祖父教人，亦以懦弱无刚四字为大耻。故男儿自立，必须有倔强之气。惟数万人困于坚城之下，最易暗销锐气。弟②能养数万人之刚气而久不销损③，此是过人之处，更宜从此加功。

【注释】

①《中庸》学、问、思、辨、行五者：子思在《中庸》一

书中提出治学"五序",即"博学之、审问之、慎思之、明辨之、笃行之"。朱熹批注:"学问思辨,所以择善而为之,学而知之也。"程子说:"五者废其一,非学也。"

②弟:曾国荃。

③养数万人之刚气而久不销损:指曾国荃所率湘军围困天京,地道深入并攻克天京一事。

【译文】

至于要担当大事,全在明、强两个字上下功夫。《中庸》中的博学、审问、慎思、明辨、笃行五方面,其要义归结为使不明白的弄明白,使不坚强的变坚强。天下的事,没有志气就不能奋发而为,不坚定就做不成功,即使修身养家,也必须以明强为根本。

"难禁风浪"四字说得很好,大慰我心。自古以来,英雄豪杰之士都以这四字为大忌。我祖父教导别人,也以"懦弱无刚"四字为大耻。所以男儿自立于世,一定要有倔强刚强的气概。数万人被困在坚固城池之下时,最容易被暗中消磨锐气。老弟能够长久地保持数万人的刚猛士气,而不至于消靡折损,这是你的过人之处,更应在此下功夫呀。

四

凡国之强,必须得贤臣工;家之强,必须多出贤子弟。此亦关乎天命,不尽由于人谋。至一身之强,则不外乎北宫黝、孟施舍、曾子三种①。孟子之集义而慊,即曾子之自反而缩②也。惟曾、孟与孔子告仲由③之强,略为可久可常。此外斗智斗力之强,则有因强而大兴,亦有因强而大败。

古来如李斯、曹操、董卓、杨素,其智力皆横绝一世,而其祸败亦迎异寻常。近世如陆、何、肃、陈亦皆予知自雄,而俱不保其终。

故吾辈在自修处求强则可,在胜人处求强则不可。福益外家,若专在胜人处求强,其能强到底与否尚未可知。即使终身强横安稳，亦君子所不屑道也。

【注释】

① 则不外乎北宫黝、孟施舍、曾子三种：北宫黝、孟施舍，勇士。《孟子·公孙丑上》："北宫黝之养勇也，不肤挠，不目逃；思以一毫挫于人，若挞之于市朝；不受于褐宽博，亦不受于万乘之君；视刺万乘之君，若刺褐夫；无严诸侯，恶声至，必反之。孟施舍之所养勇也，曰：视不胜，犹胜也；量敌而后进，虑胜而后会，是畏三军者也。舍岂能为必胜哉，能无惧而已矣！孟施舍似曾子，北宫黝似子夏；夫二子之勇，未知其孰贤；然而孟施舍守约也。昔者曾子谓子襄曰：'子好勇乎？吾尝闻大勇于夫子矣。自反而不缩，虽褐宽博，吾不惴焉。自反而缩，虽千万人，吾往矣。'孟施舍之守气，又不如曾子之守约也。"

② 自反而缩：自我反省无愧于良心道理，而能理直气壮。缩，直的意思。语出《孟子·公孙丑上》。见注释①。

③ 仲由：字子路，春秋鲁国人，孔子的得意门生，跟随孔子周游列国，以政事见称。为人果烈刚直，好勇力，事亲至孝。

【译文】

凡是希望国家强盛的，就必须寻求贤臣良将的辅佐；凡是希望家庭兴旺的，就必须多培养出贤良孝悌的子弟。这个与天命有关，不完全出于人的意志。至于个人本身的强大，就不外乎像北宫黝、孟施舍、曾子这三种人而已。孟子积聚仁义而慷慨大度，也就是曾子的反躬自省。只有曾子、孟子与孔子教诲仲由的那种"强"，才可以长久存在。除此之外，那种斗智慧、斗武力的"强"，则会出现有的因为"强"而兴旺发达，有的因为"强"而彻底惨败。

古代像李斯、曹操、董卓、杨素之流，他们的智慧和武力都是盖世少有，但是，他们的灾祸失败也超乎寻常。近代的像陆建瀛、何桂清、肃顺、陈孚恩等人，都是我所知道的智慧和勇力极强的人，但是，他们都不能保其善终。

所以，我们这些人在自我修养方面寻求"强"就可以了，在力求超过人的地方求"强"就不行。福气对外人有益，如果专门在超过人的地方求"强"，能不能"强"到底是很难说的。即使一辈子能够强横安稳，君子也是不屑一顾的。

坚忍

一

子长①尚黄老，进游侠，班孟坚②讥之，盖实录也。好游侠，故数称坚忍卓绝之行。如屈原、虞卿③、田横④、侯嬴⑤、田光⑥及此篇之述贯高皆是。尚黄老，故数称脱屣富贵、厌世弃俗之人。

如本纪以黄帝第一，世家以吴太伯⑦第一，列传以伯夷第一，皆其指也。此赞称张、陈与太伯、季札异，亦谓其不能遗外势利、弃屣天下耳。

【注释】

① 子长：司马迁，字子长，西汉史学家、思想家、文学家，所著《史记》为中国第一部纪传体通史。

② 班孟坚：班固，字孟坚，东汉史学家、文学家。著《汉书》。

③ 虞卿：战国名士，善游说。因二次拜见赵孝成王即被封上卿，故名虞卿。著有《虞氏征传》《虞氏春秋》等。

④ 田横：秦末起义首领。

⑤ 侯嬴：战国时魏国人。著名隐士。后得信陵君重用，献计窃符救赵。

⑥ 田光：战国时燕国侠士。荐荆轲为燕太子丹谋刺秦王事，后为尽忠拔剑自刎。

⑦ 吴太伯：一作泰伯，吴国第一代君主。

【译文】

司马迁崇尚黄老，敬仰游侠，班固以此来讥讽他，这的确是事实。敬仰游侠，因而多次夸赞坚忍卓绝的操行。例如屈原、虞卿、田横、侯嬴、田光以及本篇所讲的贯高都是此类人物。崇尚黄老，因而多次赞美视富贵如草芥、厌世弃俗的高尚之人。

例如,"本纪"以黄帝为第一,"世家"以吴太伯为第一,"列传"以伯夷为第一,都是这个宗旨。此篇赞中讲张耳、陈馀和太伯、季札不一样,也就是指他们不能抛弃权与利,不能放下天下,径自畅游。

二

昔耿恭简①公谓,居官以坚忍为第一要义,带勇亦然。与官场交接,吾兄弟患在略识世态而又怀一肚皮不合时宜,既不能硬,又不能软,所以到处寡合。迪安妙在全不识世态,其腹中虽也怀些不合时宜,却一味浑含,永不发露。我兄弟则时时发露,终非载福之道。雪琴与我兄弟最相似,亦所如寡合也。

弟当以我为戒,一味浑厚,绝不发露,将来养得纯熟,身体也健旺,子孙也受用,无惯习机械变诈,恐愈久而愈薄耳。

【注释】

① 耿恭简:明朝人,字在伦,又字子衡,号楚侗,人称天台先生。死后追赠太子少保,谥号"恭简"。

【译文】

以前耿恭简公曾说过,做官第一重要的是坚忍不拔、有耐性,带兵也是如此。和官场往来,我们兄弟的问题都在于略知世态而又怀有一腔不合时宜的想法,既不能硬自对抗,又不能软去迎合,所以到处落落寡合。迪安妙就妙在他全然不了解世态,他腹中虽然也有些不合时宜的念头,却能一味浑厚包容,永不表露。我们兄弟却时时表露,总不是带来福气的法子。雪琴与我们兄弟最相像,也少有彼此投合的人。

弟弟应当以我为戒,一味浑厚包容,绝不表露。将来性情修养纯熟,身体也健壮旺盛,子孙也受用无穷,不要习惯于官场的机变诡诈,恐怕在官场越久,德行就会越浅薄。

三

稍论时事,余谓当竖起骨头,竭力撑持。三更不眠,因作一联云:"养活一团春意思,撑起两根穷骨头。"用自警也。余生平作自箴联句颇多,惜皆未写出。丁未年在家作一联云:"不怨不尤,但反身争一个壁清;勿忘勿助,看平地长得万丈高。"曾用木板刻出,与此联略相近,因附识之。

【译文】

在泛论时事时,我说应当挺起骨头,尽力坚持。三更时睡不着,于是作一联:"养活一团春意思,撑起两根穷骨头。"用以自警。我作过很多的联句自箴,可惜没有写下来。丁未年在家作一联:"不怨不尤,但反身争一个壁清;勿忘勿助,看平地长得万丈高。"曾经用木板刻写出来,与这一联有些近似,就附记在这里。

四

夜阅《荀子》三篇,三更尽睡,四时即醒,又作一联云:"天下无易境,天下无难境;终身有乐处,终身有忧处。"至五更,又改作二联。一云:"取人为善,与人为善;乐以终身,忧以终身。"一云:"天下断无易处之境遇,人间那有空闲的光阴。"

【译文】

夜读《荀子》的三篇文章,三更过了才睡,四更醒来,又作一联:"天下无易境,天下无难境;终身有乐处,终身有忧处。"到五更时,又修改了两联。一联是:"取人为善,与人为善;乐以终身,忧以终身。"另一联是:"天下断无易处之境遇,人间那有空闲的光阴。"

刚柔

一

从古帝王将相，无人不由自立自强做出，即为圣贤者，亦各有自立自强之道，故能独立不惧，确乎不拔。

昔余往年在京，好与诸有大名大位者为仇，亦未始无挺然特立不畏强御之意。

【译文】

自古帝王将相，没有一个不是以自立自强建立功业的，即便是圣贤之人，也各有自立自强的方法。所以才能独立沉稳、临事不惧、坚定不移。

我过去在京师的那些年中，常常与诸位位高名显的官员闹意见，也是一开始就具有挺然独立不畏强权的气概。

二

近来见得天地之道，刚柔互用，不可偏废，太柔则靡，太刚则折。刚非暴虐之谓也，强矫而已；柔非卑弱之谓也，谦退而已。

趋事赴公，则当强矫；争名逐利，则当谦退。开创家业，则当强矫；守成安乐，则当谦退。出与人物应接，则当强矫；入与妻孥享受，则当谦退。

若一面建功立业，在外享大名，一面求田问舍①，内图厚实，二者皆有盈满之象，全无谦退之意，则断不能久。

【注释】

①求田问舍：即追逐田产、房舍等身外之物。语出《三国志·魏书·陈登传》："君有国士之名，今天下大乱，帝主失所，望君忧国忘家，有救世之意，而君求田问舍，言无可采，是元龙所讳也，

何缘当与君语。"

【译文】

近年来体会到天地之道,要刚柔互用,不可偏废。太柔就导致萎靡不振,太刚则容易折断。刚并不是说要暴虐,只是矫正使弱变强;柔也并不是说要卑弱,而是在强的方面谦让而已。

秉公办事,应勉力争取;争名逐利,就应当淡泊退让。开创家业,应当奋发进取;守成安乐,则应当谦逊平和。出外待人接物,应该努力表现;回家与妻儿享受,就要平和闲舒。

如果一方面建功立业,在外享有崇高声名威望,一方面追逐田地屋舍等物质利益,在内图谋家境富裕殷实,如这两者都有盈满的征兆,而全无一丝谦虚退让的表示,那么这一切必定不会久长。

三

肝气发时,不惟不和平,并不恐惧,确有此境。不特盛年为然,即余渐衰老,亦常有勃不可遏之候。但强自禁制,降伏此心,释氏所谓降龙伏虎。龙即相火也,虎即肝气也。

多少英雄豪杰打此两关不过,要在稍稍遏抑,不令过炽。降龙以来养水,伏虎以养火。古圣所谓窒欲,即降龙也;所谓惩忿,即伏虎也。释儒之道不同,而其节制血气,未尝不同,总不使吾之嗜欲戕害吾之躯命而已。

【译文】

肝火发作的时候,不只是不平和,而且不知惧怕,确实有这样的境况。不仅年轻气盛时如此,即使我渐渐衰老,也经常有勃然而起、怒不可遏的时候。但还是要强迫自己控制情绪,降伏心境,佛教称此为降龙伏虎。龙就是相火,虎就是肝气。

多少英雄豪杰都过不了这两关,关键在于要稍稍控制自己的情绪,不要让肝火过盛。降龙用来养水,伏虎用来养火。古人所说止息欲望,就是降龙;所说抑制忿怒,就是伏虎。佛家、儒家道义不一样,但节制气血这一点没有不同,就是不要让自己的欲望损害自己的身体寿命。

四

至于"倔强"二字,却不可少。功业文章,皆须有此二字贯注其中,否则柔靡不能成一事。孟子所谓至刚①、孔子所谓贞固②,皆从倔强二字做出。

吾兄弟皆秉母德居多,其好处亦正在倔强。若能去忿欲以养体,存倔强以励志,则日进无疆矣。

【注释】

① 至刚:《孟子·公孙丑上》:"其为气也,至大至刚,以直养而无害,则塞于天地之间。"

② 贞固:《易传·乾·文言》:"元者,善之长也;亨者,嘉之会也;利者,义之和也;贞者,事之干也。君子体仁足以长人,嘉会足以合礼,利物足以和义,贞固足以干事。君子行此四德者,故曰乾:元,亨,利,贞。"

【译文】

至于"倔强",却不能缺少,建功立业或是写文章,都必须要有这两个字的精神贯注其中,否则会软弱萎靡,一事无成。孟子所说的至刚、孔子所说的贞固,都要从倔强二字做起。

咱们兄弟大多继承母亲的美德,它的好处也正是在倔强上。如果能够去除愤懑的欲望而存养身体,保留倔强之气来激励志向,那么就可日日长进不止了。

五

至于强毅之气,决不可无,然强毅与刚愎有别。古语云自胜之谓强①。曰强制,曰强恕,曰强为善,皆自胜之义也。如不惯早起,而强之未明即起;不惯庄敬,而强之坐尸立齐②;不惯劳苦,而强之与士卒同甘苦。

强之勤劳不倦,是即强也。不惯有恒,而强之贞恒,即毅也。舍此而求以客气胜人,是刚愎而已矣。二者相似,而其流相去霄壤,不可不察,不可不谨。

【注释】

① 自胜之谓强:能战胜自我才叫强。《韩非子·喻老》:"是以志之难也,不在胜人,在自胜也。故曰自胜之谓强。"

② 坐尸立齐:坐得端正,站得恭敬。《礼记·曲礼》:"若夫坐如尸,立如齐。礼从宜,使从俗。"

【译文】

至于强毅的气魄,决不能没有。然而强毅和刚愎区别很大。古语云:能战胜自我才叫强。说强制、强恕、强为善,都是战胜自我的意思。如不习惯早起,而强制自己天不亮就起身;不习惯庄重恭敬,而强制自己参加祭祀仪式;不习惯劳苦,而强制自己与士兵同甘共苦。

能强制自己勤劳不倦,这就是强。不习惯坚持,却能强制自己持之以恒,这就是毅。除此之外,力求以气势胜人,就是刚愎而已。二者有相似之处,但其实质有天壤之别,不可不察,不可不谨慎。

英才

一

虽有良药,苟不当于病,不逮下品;虽有贤才,苟不适于用,不逮庸流。梁丽①可以冲城,而不可以窒穴;牦牛②不可以捕鼠;骐骥③不可以守闾。千金之剑,以之析薪,则不如斧。三代之鼎,以之垦田,则不如耜。当其时,当其事,则凡材亦奏神奇之效。否则龃龉④而终无所成。

【注释】

① 梁丽:亦作"梁"。房屋的栋梁。《庄子·秋水》:"梁丽可以冲城,而不可以窒穴,言殊器也。骐骥骅骝,一日而驰千里,捕鼠不如狸狌,言殊技也。鸱鸺夜撮蚤,察毫末,昼出瞋目而不见丘山,言殊性也。"成玄英疏:"梁,屋梁也;丽,屋栋也。"

② 牦(lí)牛:牦牛。《庄子·逍遥游》:"今夫牦牛,其大若垂天之云。此能为大矣,而不能执鼠。今子有大树,患其无用,何不树之于无何有之乡,广莫之野,彷徨乎无为其侧,逍遥乎寝卧其下。不夭斤斧,物无害者,无所可用,安所困苦哉!"

③ 骐骥:千里马。语出《庄子·秋水》,见注释①。

④ 龃龉:同"龃龉"。上下牙齿不相对应,比喻意见不合,相互抵触。

【译文】

尽管有良药,如果不对病症,效果还不如一般的药物;尽管有贤才,如果所干之事不适合于他的专长,那么还不如去找一般人来干。粗大坚韧的木梁可以撞开牢固的城门,而不能用来堵老鼠洞。强壮的牦牛不会捕捉老鼠,日行千里的骏马不能守住家门。价值千金的宝剑用来砍柴,不如斧头好用。多代传世的宝鼎用来开垦荒地,还不如普通的木犁。在具体时刻,针对具体的事情,只要用得适合恰当,普通的东西也会产生神奇的效验。否则认不清锄头、宝剑的特性，干什么都会一无所成。

二

故世不患无才，患用才者不能器使而适用也。魏无知论陈平①曰："今有尾生孝己之行，而无益胜负之数，陛下何暇用之乎？"当战争之世，苟无益胜负之数，虽盛德亦无所用之。

余生平好用忠实者流，今老矣，始知药之多不当于病也。

【注释】

①魏无知论陈平：魏无知，秦末人，楚汉战争时从刘邦。陈平，背楚降汉后，得到重用。事见《资治通鉴》。

【译文】

所以世人不忧虑没有人才，而忧虑使用人才的人不知量才适用。魏无知向汉王举荐陈平时说："现在有个年轻人，守诚信，有孝德，却不懂战争胜负的谋略，您哪里用得上他呢？"当国家处于战争时期，如果一个人不懂战争胜负谋略，虽德行高深也没地方用他。

我生平喜欢用忠实可靠的人，如今老迈了，才知道这是吃药多而不对症的行为。

三

无兵不足深虑，无饷不足痛哭，独举目斯世，求一攘利不先、赴义恐后、忠愤耿耿者，不可亟得；或仅得之，而又屈居卑下，往往抑郁不伸，以挫、以去、以死。而贪饕出缩者，果骧首①而上腾、而富贵、而名誉、而老健不死，此其可为浩叹者也。

默观天下大局，万难挽回，侍与公之力所能勉者，引用一班正人，培养几个好官，以为种子。

【注释】

① 骧首：昂首，比喻意气轩昂。西汉邹阳《上书吴王》："臣闻蛟龙骧首奋翼，则浮云出流，雾雨咸集。"

【译文】

没有军兵，尚不足焦虑；没有粮饷，也不足痛哭；只有举目当世，想求得一个不争名趋利、义字为先、忠诚耿直的人才，却不能立即得到；或者仅得一个，却又因地位卑下，往往抑郁不得志，受尽挫折，终至罢官、老死病死。而那些暴虐贪婪善于钻营的人，却因占据高位而享受富贵，受人尊重，健康长寿，这才是真正令我慨叹唏嘘的啊！

静观天下大局，这种不平之事万难挽回。而我们所能够勉力做的，就是尽量重用一些正人君子，培养几个好官，作为救时济世的种子。

四

天下无现成之人才，亦无生知之卓识，大抵皆由勉强磨炼而出耳。《淮南子》曰："功可强成，名可强立。"董子①曰："强勉学问，则闻见博；强勉行道，则德日进。"《中庸》所谓"人一己百，人十己千"，即强勉功夫也。

今世人皆思见用于世，而乏才用之具。诚能考信于载籍，问途于已经，苦思以求其通，躬行以试其效，勉之又勉，则识可渐通，才亦渐立。才识足以济世，何患世莫己知哉？

【注释】

① 董子：即董仲舒，西汉思想家、政治家。在其《举贤良对策》中提出"罢黜百家，独尊儒术"的主张，并为汉武帝所采纳。

【译文】

天下没有现成的人才，也没有生来就具有远见卓识的人。人才大多都是经勉力坚强磨炼出来的。《淮南子》说："功劳可靠勉力奋斗而使之成就，声名也可靠勉力奋斗树立。"董仲舒说："努力做学问,所见所闻就会广博;努力修身,道德就会日益进步。"《中庸》里所说的"他人知道一件事,自己要知道一百件。他人了解十件事,自己要了解一千件",这是要努力下功夫才能达到的。

现在人们都希望为世所用,却缺乏社会需要的才能谋略。如果真正能从古代典籍中得到验证,再向那些事业有成之士学习,苦苦思索通用于当世的途径方法,并亲身去实践检验它的成效,努力再努力,那么就可通达识见,才能也就逐渐培养起来了。才能见识足以有益社会,还用得着担心世人不知道自己吗?

廉矩

一

翰臣方伯廉正之风,令人钦仰。身后萧索,无力自庇,不特廉吏不可为,亦殊觉善不可为。其生平好学不倦,方欲立言以质后世。

弟昨赗①之百金,挽以联云:"豫章②平寇,桑梓③保民,休讶书生立功,皆从廿年积累立德立言而出;翠竹泪斑④,苍梧魂返,莫疑命妇死烈,亦犹万古臣子死忠死孝之常。"登高之呼,亦颇有意。位在客卿⑤,虑无应者,徒用累歔⑥。韩公有言:"贤者恒无以自存,不贤者志满气得。"盖自古而叹之也。

【注释】

① 赗(fù):送钱财帮助别人办理丧事。《玉篇》:"赗,以财助丧也。"

② 豫章:古郡名,今江西南昌一带。唐王勃《滕王阁序》:"豫章故郡,洪都新府。星分翼轸,地接衡庐。"

③ 桑梓:古人常在家屋旁栽种桑树和梓树。后人用"桑梓"比喻故乡。《诗·小雅·小弁》:"维桑与梓,必恭敬止。"

④ 翠竹泪斑:相传舜帝南巡,死于苍梧之野,娥皇、女英二妃闻之,由北至南奔丧而来,沿途抚竹痛哭,竹上斑斑泪痕不能褪去,后人称此竹为"斑竹"或"湘妃竹"。西晋张华《博物志》卷八《史补》:"尧之二女、舜之二妃,曰'湘夫人'。舜崩,二妃啼,以涕挥竹,竹尽斑。"

⑤ 客卿:古代官名,请其他诸侯国的人来本国做官,其位为卿,而以客礼待之,故称。后亦泛指在本国做官的外国人,也以"子墨客卿"泛指文人墨客。

⑥ 累歔(xū):反复叹息。歔,叹息。《说文解字》:"歔,欷也。一曰出气也。"清代龚自珍《尊命二》:"汉司马迁引而申之,于

其序外戚也，言命者四，言之皆累欷。"

【译文】

翰臣方伯廉正的作风，令人钦敬仰慕。然而他死后家境萧条败落，无法庇护家人，这使人觉得不仅是清廉的官吏不能学做榜样，甚至善良的事情也不能做了。他一生好学不倦，正打算著书立说以教后世，却不幸去世。

我昨天送百两纹银帮助他办丧事，又作一副挽联悼念他："豫章平寇，桑梓保民，休讶书生立功，皆从廿年积累立德立言而出；翠竹泪斑，苍梧魂返，莫疑命妇死烈，亦犹万古臣子死忠死孝之常。"我这样站出来大声呼吁，意在号召众人学习。然而因其仅处于客卿的位置上，估计无人响应，只好独自唏嘘慨叹。韩愈说过："贤德的人经常无法维持自身生存，无德的人却志得意满，不可一世。"这种情况自古多有，慨叹以自慰而已！

二

古之君子之所以尽其心、养其性①者，不可得而见；其修身、齐家、治国、平天下，则一秉乎礼，自内者言之，舍礼无所谓道德；自外者言之，舍礼无所谓政事。

故六官经制大备，而以《周礼》名书②。春秋之世，士大夫知礼、善说辞者，常足以服人而强国。战国以后，以仪文之琐为礼，是叔齐之所讥也。荀卿③、张载④兢兢以礼为务，可谓知本好古，不逐乎流俗。近世张尔岐⑤氏作《中庸论》，凌廷堪⑥氏作《复礼论》，亦有以窥见先王之大原。秦蕙田⑦氏辑《五礼通考》，以天文、算学录入为观象授时⑧门，以地理、州郡录入为体国经野⑨门。于著书之义例，则或驳而不精，其于古者经世之礼无所不该，则未为失也。

【注释】

①尽其心、养其性：《孟子·尽心上》："尽其心者，知其性也。知其性，则知天矣。存其心，养其性，所以事天也。夭寿不

贰，修身以俟之，所以立命也。"

② 故六官经制大备，而以《周礼》名书：《周礼》以天官冢宰、地官司徒、春官宗伯、夏官司马、秋官司寇、冬官司空分掌邦政，称为"六官"或"六卿"。

③ 荀卿：即荀子，名况，字卿。战国时期儒家代表人物之一，时人尊称"荀卿"。

④ 张载：字子厚，北宋大儒，理学支脉"关学"创始人。

⑤ 张尔岐：明清之际理学家。著有《天道论》《中庸论》《谨俗论》《笃终论》《立命说辨》等。

⑥ 凌廷堪：清代经学家、音律学家。撰有《礼经释例》十三卷。

⑦ 秦蕙田：清代刑部尚书，经学家。撰有《五礼通考》。

⑧ 观象授时：观测天象以确定时间。早在四千三百年前古人就已经能"观象授时"，并确定了阴历二十四节气中的春分、秋分、夏至、冬至等重要节气。

⑨ 体国经野：体，划分；国，都城；经，丈量；野，国为都城，国之四周为郊，郊之外称野。体国经野即把都城划分为若干区域，由官宦贵族分别居住或让奴隶平民耕作。泛指治理国家。《周礼·天官·序官》："惟王建国，辨方正位，体国经野，设官分职，以为民极。"

【译文】

古代的君子所用以尽善心、养德行的途径方法，我们是不能看到了；但他们修养身心、管理家庭、治理国家、平定天下，都是秉持礼的。从内部说，舍弃了礼法就说不上道德；从外部说，舍弃了礼法就无法办理政务。

所以"六官"的官制设置完备，并以《周礼》记录成书。春秋时代，士大夫中通晓礼法、擅长游说辞令的，常能说服众人，实现主张而使国家强盛。战国以后，以仪式的华美琐碎为礼，这就是叔齐所讥讽的徒有其表。荀卿、张载小心谨慎地以礼法为要务，可称得上知晓根本，喜好古风，不追逐流俗啊！近代张尔岐作《中庸论》、凌廷堪作《复礼论》，也可以从中看到先王教化的旨意所在。秦蕙田编撰《五礼通考》，把天文、算学归入观测天象一类，把地理、州郡归入治理国事一类。这样做，对于著书的意义和条例来说，虽有些杂乱不精，但对古代治理国事的礼法则无所不包，就说不上有什么过失了。

三

崇俭约以养廉。昔年州县佐杂①在省当差，并无薪水银两。今则月支数十金，而犹嫌其少。此所谓不知足也。欲学廉介，必先知足。观于各处难民，遍地饿莩，则吾人之安居衣食，已属至幸，尚何奢望哉？尚敢暴殄哉？不特当廉于取利，并当廉于取名。毋贪保举②，毋好虚誉，事事知足，人人守约，则可挽回矣。

【注释】

①佐杂：清代州县官署内助理官吏佐贰、首领、杂职三者的统称。

②保举：中国封建社会选用官员的重要方式之一。大臣向朝廷推荐人才，并提保有才能或有功绩之人。后多指大臣荐举下属。统治者对保举者规定了严格的责任，即"保举连坐"。

【译文】

崇尚节俭是用来培养廉洁之风的。过去，州县的佐杂在官署任职办事，国家不发放薪水银两。如今，每月可领到数十两银子还嫌少，这就是所说的不知足呀。要想学习廉洁正直，必须先知足。看看各地的难民，遍地饿死的人，而我们衣食住行不缺，已属万幸了，哪里还能有其他奢望呢？哪里还敢任意糟蹋东西呢？不仅在获取利益方面要廉洁，名誉的获取也应正当。不要贪图向上保举获得功劳，不要贪图虚浮不实的名誉，事事知满足，人人守纪律，那么正当的风气就可挽回了。

勤敬

一

为治首务爱民,爱民必先察吏,察吏要在知人,知人必慎于听言。魏叔子①以孟子所言"仁术","术"字最有道理。爱而知其恶,恶而知其美,即"术"字之的解也。又言蹈道②则为君子,违之则为小人。观人当就行事上勘察,不在虚声与言论;当以精己识为先,访人言为后。

【注释】

① 魏叔子:魏禧,清代散文家。字冰叔,一字叔子,号裕斋。有《魏叔子集》。

② 蹈道:履行正道。明代归有光《史称安隗素行何如论》:"蹈道而行之,谓之君子;背道而行之,谓之小人。"

【译文】

从事政务,首先在于爱民,爱民必须先察访官吏,察访官吏要点在于知人,而知人必须慎重听取言论。魏叔子认为孟子所主张的"仁术"中,"术"字最有道理。喜爱一个人却能知晓他的短处,厌恶一个人却可以看见他的长处,这就是"术"最好的解释。又说履行大道的就是君子,违背大道的就是小人。观察一个人应当从他的具体行为上去勘察,而不在于表面的名声和浮夸的言论;应当先提高自己的识见能力,再察访别人的言论。

二

古人修身治人之道,不外乎勤、大、谦。勤若文王之不遑①,大若舜禹之不与②,谦若汉文之不胜③,而勤谦二字,尤为彻始彻终、须臾不可离之道。勤所以儆惰也,谦所以儆傲也,能勤且谦,则大字在其中矣。

千古之圣贤豪杰，即奸雄欲有立于世者，不外一勤字；千古有道自得之士，不外一谦字。吾将守此二字以终身，倘所谓朝闻道夕死可矣④者乎！

【注释】

① 勤若文王之不遑：《礼记·正义》卷二十《文王世子》："文王以勤忧损寿。"疏："以文王当纣暴虐之时，故知勤忧损寿也。"《尚书·无逸》云："文王自朝至于日中昃，不遑暇食。"是勤忧也。

② 大若舜禹之不与：《论语·泰伯》："巍巍乎，舜禹之有天下也，而不与焉。"舜禹，传说中的圣君明主。传说古时候尧禅位给舜，舜后来又禅位给禹。与，参与、相关的意思。不与，即不以居位为乐。

③ 谦若汉文之不胜：汉文即汉文帝刘恒，汉朝第三位皇帝，谥号"孝文皇帝"。汉文帝恭谦为政，以德治国，在位二十三年使汉朝从国家初定走向繁荣昌盛。后世将这一时期与其子景帝刘启执政的时期统称为"文景之治"。

④ 朝闻道夕死可矣：早晨明白了道理，晚上死去也值得了。形容对真理或某种信仰追求的迫切。《论语·里仁》："子曰，朝闻道，夕死可矣。"

【译文】

古人修身治国的方法，不外乎勤于政事、胸怀广大、谦虚谨慎几点。勤于政事如同周文王那样不遑暇食；胸怀宽大如同舜禹那样不以居位为乐；谦虚谨慎如同汉文帝那样礼待臣子和百姓。而勤于政事、谦虚谨慎两点，更要从始至终贯彻到底，是一刻也不能背离的原则。勤于政事可以警醒懒惰的习气，谦和谨慎可以警醒骄气和傲慢。能够勤于政事、谦虚谨慎，那么自然能够做到胸怀宽广了。

古往今来，圣贤豪杰，哪怕奸雄，只要想自立于世的，不外乎一个"勤"字。能够通晓千古真理大道的，不外乎一个"谦"字。我将终身遵照这两个字来行事，这就是圣人所说的"早晨明白了人间至理，晚上死了也值得的"呀！

三

国藩从宦有年,饱阅京洛①风尘。达官贵人,优容养望,与在下者软熟和同之象,盖已稔知之。而惯常之积不能平,乃变而为慷慨激烈、斩爽肮脏之一途,思欲稍易三四十年来不白不黑、不痛不痒、牢不可破之习。

而矫枉过正,或不免流于意气之偏,以是屡蹈愆尤②,丛讥取戾③。而仁人君子固不当责以庸之道,且当怜其有所激而矫之之苦衷也。

【注释】

① 京洛:指京城。本指洛阳,因东周、东汉曾在这里建都,故称"京洛"。

② 愆尤:过失,罪过。东汉张衡《东京赋》:"卒无补于凤规,只以昭其愆尤。"

③ 丛讥取戾:丛讥,被讥讽;取戾,获罪、受谴责。《左传·文公四年》:"今陪臣来继旧好,君辱贶之,其敢干大礼以自取戾?"

【译文】

我踏入仕途已有好些年了,看多了京城的风俗世故。那些达官贵人、显要人物,特意显示出从容宽宏的气派来提高声望,对待部下却姑息纵容,一团和气,这种现象我久已熟知。但自己多年养成的禀性气质,不仅没有因此磨平,反而越发变得慷慨激烈,希冀极力惩治迂腐肮脏之事,意图改变一下社会三四十年来形成的不白不黑、不痛不痒、牢不可破的坏风气。

不过,纠正偏差难免超过应有的限度,有时更不免出现意气用事的偏颇,因此屡犯过失,受人讥讽谴责。所以,真正有仁德的君子不应责备他人没有恪守中庸之道,而应当同情体谅他被激发起来纠正恶俗的苦衷啊!

四

诸事棘手、焦灼之际，未尝不思遁入眼闭箱子之中，昂然甘寝，万事不视，或比今日人世差觉快乐。

乃焦灼愈甚，公事愈烦，而长夜快乐之期杳无音信。且又晋阶端揆①，责任愈重，指摘愈多。人以极品为荣，吾今实以为苦懊之境。然时势所处，万不能置事身外，亦惟有做一日和尚撞一天钟而已。

【注释】

① 端揆：唐代为尚书省长官，宋代为宰相之职。泛指能总揽国家政务的栋梁之材。

【译文】

许多事都难办、焦灼万分的时候，也未尝没想过干脆眼一闭，睡到棺材里躲避算了。舒舒服服地休息，眼不见，心不烦，也许比今日活在人世间更快活。

但是却焦虑的愈多，公事愈繁乱，而快乐解脱之期却杳无音信。况且又晋升为大学士，责任更重，被人指责评议的地方也更多了。别人以官至极品为荣耀，而我现在真把它当作痛苦、懊恼的境况。但处在这种形势之下，又万万不能置身事外，也只有做一天和尚撞一天钟罢了。

诡道

一

带勇之法，用恩莫如用仁，用威莫如用礼。仁者，即所谓欲立立人，欲达达人①也。待弁勇如待子弟之心，尝望其成立，望其发达，则人之恩矣。礼者，即所谓无众寡，无小大，无敢慢，泰而不骄也。正其衣冠，尊其瞻视，俨然人望而畏之，威而不猛也。②持之以敬，临之以庄，无形无声之际，常有懔然难犯之象，则人知威矣。守斯二者，虽蛮貊之邦行矣，何兵勇之不可治哉。

【注释】

①欲立立人，欲达达人：仁德的人，要想自己立身修德，先要使别人立身修德，自己想达到目的，首先要使别人达到目的。《论语·雍也》："夫仁者，己欲立而立人，己欲达而达人。能近取譬，可谓仁之方也已。"

②礼者……威而不猛也：语出《论语·尧曰》："子曰：'君子惠而不费，劳而不怨，欲而不贪，泰而不骄，威而不猛。'子张曰：'何谓惠而不费？'子曰：'因民之所利而利之，斯不亦惠而不费乎？择可劳而劳之，又谁怨？欲仁而得仁，又焉贪？君子无众寡，无小大，无敢慢，斯不亦泰而不骄乎？君子正其衣冠，尊其瞻视，俨然人望而畏之，斯不亦威而不猛乎？'"

【译文】

带兵之道，施以恩情不如施以仁义，迫以威严不如待以礼遇。所谓仁，就是要想自己立身，先让别人立身修德；要想自己达到目的，先要让别人达到目的。以对待自家子弟一样的心态对待士兵，希望他成事立业，希望他发达兴旺，那么他自然感恩于你。所谓礼，指对待他人不分人数多少，不分年龄大小，不分职位高低，都不怠慢他们，态度舒泰平和而不骄傲自大。衣冠端正，目不斜视,庄严肃穆,人们看见就生敬畏之心,觉得威严而不凶猛。待人敬重,做事严肃认真,无形无声中表现出凛然不可侵犯的气象。这样,别人自然知道他的威严。遵守这两个方面,即使到国外出使也行得通,还有什么兵不可带、军不可治呢?

二

兵者,阴事也。哀戚之意,如临亲丧;肃敬之心,如承大祭,庶为近之。今以羊牛犬佾①而就屠烹,见其悲啼于割剥之顷,宛转于刀俎之前,仁者将有所不忍,况以人命为浪博轻掷之物。

无论其败丧也,即使幸胜,而死伤相望,断头洞胸,折臂失足,血肉狼藉,日陈吾前,哀矜不遑,喜于何有?故军中不宜有欢欣之象。有欢欣之象者,无论或为悦,或为骄盈,终归于败而已矣。

田单之在即墨,将军有死之心,士卒无生之气,此所以破燕也;及其攻狄也,黄金横带,而骋乎淄渑之间,有生之乐,无死之心,鲁仲连策其必不胜。②兵事之宜惨戚,不宜欢欣,亦明矣。

【注释】

① 佾(yì):古时乐舞的行列。《广雅》:"佾,列也。"

② 田单之在即墨……鲁仲连策其必不胜:田单,战国后期齐国名将。即墨之战为其凭借孤城即墨(今山东平度东南),由坚守防御转入反攻,一举击败燕军,收复国土的一次著名战役。后攻打狄邑,战前拜见鲁仲连,鲁仲连谓其士气不足,当败。第二日田单鼓舞士气,攻下狄邑。事见《史记·鲁仲连列传》:"鲁仲子曰:'将军之在即墨,坐而织蒉,立则丈插,为士卒倡曰:可往矣?宗庙之矣!云白尚矣!归于何党矣?当此之时,将军有死之心,而士卒无生之气,闻若言,莫不挥泣奋臂而欲战。此所以破燕也。当今将军东有夜邑之奉,西有淄上之虞,黄金横带,而驰乎淄渑之间,有生之乐,无死之心。所

以不胜者也！'"

【译文】

　　用兵，是很隐秘的事。哀痛悲伤之意，如同面临失去亲人；肃穆庄敬之心，如同身处祭奠仪式，这样才可以讲用兵。如今屠杀烹饪猪狗牛羊，见它们嚎叫啼哭在刀割之时，痛苦挣扎在斧案之间，仁慈的人都不忍心，更何况以人命来相搏杀的争战之事呢。

　　先不说战争失败的情形，即使幸运地获胜，每日所见也都是战场上死伤累累，遍地是断头洞胸、折臂失足、血肉狼藉的场面，哀痛悲切还来不及，哪里会有高兴欢喜的想法？所以在军队中不应有欢欣喜乐的气象。有欢心喜悦气象的，不论是高兴还是骄傲轻敌，最终在战争中都必败无疑。

　　田单在守即墨的时候，将军有赴死的决心，士兵没有生还的念头，这是能打败燕军的根本啊！等到进攻狄戎时，披着金甲玉带，驰骋于淄渑之间，享受生存的乐趣，没有赴死的决心，鲁仲连认定他一定打不赢。用兵打仗的事应当有哀惨的气象，不应有欢欣的情绪，这是很明了的。

三

　　练兵如八股家之揣摩，只要有百篇烂熟之文，则布局立意，常有熟径可寻，而腔调亦左右逢源。

　　凡读文太多，而实无心得者，必不能文者也。用兵亦宜有简练之营，有纯熟之将领，阵法不可贪多而无实。

【译文】

　　练兵如同作八股文的大家构思一样，只要有百篇烂熟的文章在心中打底，那么文章的结构布局、主题立意之法，常有熟路可循，行文用语风格就能左右逢源。

　　凡是那些读书太多，却潦草浮泛没有心得的人，一定不会写文章。用兵也应该有简达易练的军兵、纯熟有谋略的将领，阵法也不可贪多，华而不实。

四

此时自治毫无把握，遽求成效，则气浮而乏，内心不可不察。进兵须由自己作主，不可因他人之言而受其牵制。

非特进兵为然，即寻常出队开仗亦不可受人制。应战时，虽他营不愿而我营亦必接战；不应战时，虽他营催促，我亦且持重不进。若彼此皆牵率出队，视用兵为应酬之文，则不复能出奇制胜矣。

【译文】

若这时自己想控制全局又毫无把握的，却偏偏急切地追求成效，就会虚火上浮而身体困乏，内心不可不察觉这一点。我们常说进兵必须由自己做主，不可由于顾及他人言论而受牵制。

不仅进兵这样，即便寻常出兵开仗也不能受人牵制。应该作战时，即使别的营垒不愿出战，我的营垒也必须接战开火；不应该作战时，即使别的营垒催促，我也要持成守重不轻易出兵。如果彼此牵制勉强出兵，把用兵布阵看作写表面应酬文章，那么就不能出奇制胜了。

久战

一

久战之道,最忌势穷力竭四字。力则指将士精力言之,势则指大局大计及粮饷之接续。

贼以坚忍死拒,我亦当以坚忍胜之。惟有休养士气,观衅而动,不必过求速效,徒伤精锐,迨瓜熟蒂落,自可应手奏功也。

【译文】

打持久战,最忌讳"势穷力竭"四字。力,指将士的精力而言;势,则是指战略大局、全盘作战计划及粮饷的供应补充。

敌人以坚忍的气势拼命抵抗,我也要以坚忍的精神相抗衡,直到最终取胜。这时只有休养士气,相机而动,不必过于追求速胜,白白损伤良兵猛将。等到时机成熟,就如瓜熟蒂落一样,自然可以一出击便歼灭敌人,凯歌而返。

二

凡与贼相持日久,最戒浪战①。兵勇以浪战而玩,玩则疲;贼匪以浪战而猾,猾则巧。以我之疲战贼之巧,终不免有受害之一日。

故余昔在营中诫诸将曰:"宁可数月不开一仗,不可开仗而毫无安排算计。"

【注释】

① 浪战:未经深思熟虑且过于草率的乱战。

【译文】

凡是和敌人相持日久,最要戒备的是散漫草率而无谋划地打仗。士兵们会因散漫草率作战而心不在焉,心不在焉就会懈怠。

敌人因为我方的散漫作战而更狡猾,狡猾就会变得机巧。以我军的懈怠去和敌军的诡诈机巧作战,终不免有战败受损的一天。

所以我过去在军营中告诫诸将说:"宁可数月不打一仗,也不可毫无安排算计的与敌开仗。"

三

夫战,勇气也,再而衰,三而竭。国藩于此数语,常常体念。大约用兵无他巧妙,常存有余不尽之气而已。

孙仲谋之攻合肥,受创于张辽;诸葛武侯之攻陈仓,受创于郝昭,皆初气过锐,渐就衰竭之故。惟荀䓨①之拔逼阳②,气已竭而复振;陆抗之拔西陵,预料城之不能遽下,而蓄养锐气,先备外援,以待内之自毙。此善于用气者也。

【注释】

① 荀䓨(yīng):字子羽,春秋时晋国将领。

② 逼阳:古国名,又作傅阳。西周、春秋时东夷小国。妘(yún)姓,古夷族一支。

【译文】

打仗,靠的是勇气。第一次进攻,士气最旺盛;第二次进攻,士气就减弱了;第三次进攻,士气基本上就衰竭了。这是古人的用兵经验,我对这几句话,经常思索玩味。大概用兵并无其他奥妙,一直保持锐气不用尽就可以了吧。

三国时,孙权攻打合肥,受挫于张辽;诸葛亮攻打陈仓,受挫于郝昭,两者失败都因起初气势太盛,渐渐到决战时就衰竭无力了。只有荀䓨攻克逼阳,士气衰竭而又重新振作;陆抗攻克西陵,事先预料难以迅速取胜,因而养精蓄锐,先安排好外援,坐以待敌人自毙。这是善于利用士气作战的例子。

廪实

一

勤俭自持，习劳习苦，可以处乐，可以处约，此君子也。

余服官二十年，不敢稍染官宦气习，饮食起居，尚守寒素家风，极俭也可，略丰也可，太丰则不敢也。

凡仕宦之家，由俭入奢易，由奢返俭难。尔年尚幼，切不可贪爱奢华，不可惯习懒惰。无论大家小家、士农工商，勤苦俭约，未有不兴；骄奢倦怠，未有不败。

【译文】

勤俭自持，习惯劳苦，可置身优裕的环境，也可置身节俭的环境，这才是通达的君子。

我做官二十年，一丝一毫不敢沾染官宦习气，饮食起居，还谨守艰苦朴素的家风，极俭朴也可以，略丰厚也可以，太丰厚就不敢领受了。

凡是仕宦人家，由俭朴到奢华容易，由奢华回归俭朴可就难了。你年纪尚轻，切不可贪爱奢华，养成懒惰习气。无论大家小家、士农工商，凡是勤俭节约的，没有不兴旺的；凡是骄奢倦怠的，没有不破败的。

二

大抵军政吏治，非财用充足，竟无从下手处。自王介甫①以言利为正人所诟病，后之君子例避理财之名，以不言有无、不言多寡为高。实则补救时艰，断非贫穷坐困所能为力。叶水心②尝谓，仁人君子不应置理财于不讲。良为通论。

【注释】

① 王介甫：即王安石。北宋政治家、改革家。"唐宋八大家"

之一。

②叶水心：即叶适，南宋理学家。叶适反对空谈性理，主张事功之学，乃永嘉学派之代表。

【译文】

大抵治军、治国方面，没有充足的财力使用，就无从下手。自从王安石因谈论理财被正人君子评论批驳，后世的人就避开理财的问题，以不说财力有无多寡为高尚。实际上到了补救国力时就艰难了，贫穷困苦是断断不能解决问题的。叶适曾说：仁人君子不应当不讲理财问题。这是正确且普遍适用的说法。

三

夷务本难措置，然根本不外孔子忠、信、笃、敬四字①。笃者，厚也。敬者，慎也。信，只不说假话耳。然却极难。吾辈当从此字下手，今日说定之话，明日勿因小利害而变。

如必推敝处主持，亦不敢辞。祸福置之度外，但以不知夷情为大虑。沪上若有深悉洋情而又不过软媚者，请邀之来皖一行。

【注释】

①孔子忠、信、笃、敬四字：忠，忠诚不贰、尽心无私；信，诚实不欺、信守道义；笃，敦厚专一；敬，恭敬、谨慎。《论语·卫灵公》："言忠信，行笃敬，虽蛮貊之邦，行矣。言不忠信，行不笃敬，虽州里，行乎哉？"

【译文】

洋务本来很难处置，但究其根本，仍不外乎孔夫子所说的"忠、信、笃、敬"四个字。笃，就是敦厚。敬，就是慎重。信，就是不说假话。然而，说来容易，真正做到却极难。我们应当从"信"下手，今天说定的话，明天就不能因小的利害关系而改变。

如果一定要推我主持洋务，也不敢推脱。将祸福置之度外，只因不了解外国的情形而深为忧虑。上海如果有了解洋务而又淳厚正直的人，可请他到安徽来一趟。

四

　　以正理言之，即孔子忠敬以行蛮貊之道；以阴机言之，即句践卑辱以骄吴人之法。闻前此沪上兵勇多为洋人所侮慢，自阁下带湘淮各勇到防，从无受侮之事。

　　孔子曰：能治其国家，谁敢侮之①。我苟整齐严肃，百度修明②，渠亦自不至无端欺凌。既不被欺凌，则处处谦逊，自无后患。柔远③之道在是，自强之道亦在是。

【注释】

　　① 能治其国家，谁敢侮之：《孟子·公孙丑上》："孔子曰：为此诗者，其知道乎！能治其国家，谁敢侮之。"

　　② 百度修明：百度，百事；各种制度。修明，昌明。

　　③ 柔远：安抚远人或远方邦国。《书·舜典》："柔远能迩。"

【译文】

　　从正理上说，我们以孔子的忠敬来处理洋务；从机谋私利来讲，我们可以采用句践忍辱负重最终攻下吴国的方式，来对付洋人。听说前些日子，上海的兵勇多被洋人侮辱轻慢，而自从你带湘淮各处兵勇防卫以来，还从没有发生受辱的事。

　　孔子说，能够自治的国家，谁敢侮辱。如果我们整齐严肃，各种事宜处理妥当，自然不会无端受欺。既然不被欺凌，就要处处谦逊，自然没有后患。安抚其他邦国是这样，自强之道也是这样。

五

　　第就各省海口论之，则外洋之通商，正与内地之盐务相同。通商系以海外之土产，行销于中华；盐务亦以海滨之场产，行销于口岸。通商始于广东，由闽、浙而江苏、而山东，以达于天津。盐务亦起于广东，由闽、浙而江苏、而山东，以达于天津。

吾以"耕战"二字为国。泰西诸洋以"商战"二字为国,用兵之时,则重敛众商之费;无事之时,则曲顺众商之情。众商之所请,其国主无不应允。其公使代请于中国,必允而后已。众商请开三子口,不特便于洋商,并取其便于华商者。中外贸易,有无交通,购买外洋器物,尤属名正言顺。

【译文】

就各省出海口来说,我认为和外洋通商,正和内地盐务相同。通商就是以海外的土特产行销于中华,盐务是以海滨的各物产行销于口岸各方。通商由广东开始,由福建、浙江到江苏,到山东,再到天津。盐务也是兴起于广东,由福建、浙江到江苏,到山东,再到天津。

我们以"耕战"两个字为立国之本,西方各国以"商战"两个字为立国之本。需要动用军队时,就重征商人的资费;和平无事时,就照顾随顺众商人的要求。众商人所请求的,国王没有不应允的。他的公使代商人向中国提请的事务,定要等到应允才罢休。众商请求开放三子口,不但便利洋商,也便利华商。中外贸易,互通有无,购买实用的外洋器物,更属名正言顺。

峻法

一

世风既薄,人人各挟不靖之志①,平居造作谣言,幸四方有事而欲为乱,稍待之以宽仁,愈嚣然自肆,白昼劫掠都市,视官长蔑如②也。不治以严刑峻法,则鼠子纷起,将来无复措手之处。

是以壹意残忍,冀回颓风于万一。书生岂解好杀,要以时势所迫,非是则无以锄强暴而安我孱弱之民。牧马者,去其害马者而已;牧羊者,去其扰群者而已。牧民之道,何独不然。

【注释】

① 不靖之志:靖,安定,和平。《广雅》:"靖,安也。"不靖之志即不安分的志向。

② 蔑如:微细,没有什么了不起。《晋书·江灌传》:"灌性方正,视权贵蔑如也。"

【译文】

世风日下,人人各怀不安分的心思,平时造谣惑众,希望天下大乱好趁机作恶为非,对待他们稍仁慈一些,就嚣张放肆,光天化日之下在都市抢掠财物,视官府为无物。不用严刑峻法惩治他们,坏人就会纷纷而起,等将来酿成大乱就无法收拾了。

因此才注重应用残酷手段,希望起到哪怕点滴的作用,来挽救颓废败坏的社会风气。读书人哪里会喜好杀戮,关键是被眼下的形势所逼迫。不这样,就没办法铲除强横暴虐之徒,安抚疲弱的人民。放牧马群,去掉害群之马就可以了;放牧羊群,去掉扰乱群羊的羊就行了。治理民众的道理,不也如此吗?

二

医者之治痈疽,甚者必剜其腐肉而生其新肉。今日之劣弁羸兵①,盖亦当之为简汰,以剜其腐者;痛加训练,以生其新者。不循此二道,则武备之弛,殆不知所底止。

立法不难,行法为难。凡立一法,总须实实行之,且常常行之。

【注释】

① 劣弁(biàn)羸兵:弁,旧时称低级武职。劣弁羸兵指品质低劣、身体不良的军兵。

【译文】

医生治疗痈疮病人时,如果病情严重,必定剜除腐肉,以便长出新肉。现在军中品行恶劣、身体羸弱的士兵,也应该予以淘汰,就好比剜去人身上的烂肉一样。然后再严加训练,以生成新的、强劲的战斗力。如果不按照上述两种办法整顿军队,则武备的废弛,不知要到何时才会停止。

立法并非难事,而难在依法办事。每制定一项法令,都要实实在在地施行它,并持之以恒。

三

以精微之意,行吾威厉之事,期于死者无怨,生者知警,而后寸心乃安。

待之之法,有应宽者二,有应严者二。应宽者:一则银钱慷慨大方,绝不计较,当充裕时,则数十百万掷如粪土,当穷窘时,则解囊分润,自甘困苦;一则不与争功,遇有胜仗,以全功归之,遇有保案,以优奖笼之。应严者:一则礼文疏淡,往还①宜稀,书牍宜简,话不可多,情不可密;一则剖明是非,凡渠部弁勇有与官姓争讼,而适在吾辈辖境,及来诉告者，必当剖决曲直，毫不假借②，请其严加惩治。

应宽者，利也，名也；应严者，礼也，义也。四者兼全，而手下又有强兵，则无不可相处之悍将矣。

【注释】

① 往还：有繁文缛节之嫌的迎来送往。

② 假借：指宽假，宽容。《三国志·蜀志·魏延传》："唯杨仪不假借延，延以为至忿，有如水火。"

【译文】

执法者要以谨慎精细的心思，行使威严凌厉的职事，务求达到让受惩罚而死的人没有怨恨，活着的人可以从中得到警戒。这样内心才能获得安宁。

我们对待下属，有两方面应该宽假，有两方面应该严肃。应宽假的，一是对待银钱慷慨大方，绝不计较。当资财充裕的时候，就将数十万上百万钱财掷如粪土；当穷困窘迫时，也要解囊分用，自甘困苦。二是不与人争功劳。遇到打胜仗，将功劳全归于别人；遇有保举的事，就用丰厚的奖励笼络他。应严肃的，一是礼节要疏远淡泊，来往要稀少，书信要简单，话不要多，感情不要过密。二是要剖析讲明是非对错，凡是他部下将士有与官家争斗诉讼的，又恰在我们管辖范围，又有来诉说告状的，一定要弄清原委曲直，毫不假借包容，请他严加惩治。

应宽假的是名利，应严肃的是礼义。这四方面都兼具了，手下又有强兵，就没有什么猛将是不能相处的了。

外王

一

逆夷①据地求和，深堪发指。卧之侧，岂容他人鼾睡②！时事如此，忧患方深。至于令人敬畏，全在自立自强，不在装模作样。

临难有不屈挠之节，临财有不沾染之廉，此威信也。《周易》立家之道，尚以有孚③之威归反诸身，况立威于外城，求孚于异族，而可不反诸己哉！斯二者似迂远而不切合事情，实则质直而消患于无形。

【注释】

①夷：中国古代，华夏文明"居天下之中"，故将四方低于中原文化的文明力量称为夷、狄。此中原心态，一直延至近世。近代以降，在西方势力的威逼之下，英、法、俄、德等国势力，兵临城下，甚至强迫我缔结各种不平等条约（如《南京条约》）。此"三千年未有之变局"中，蹉跎之下的华夏子民，亦将西方势力称为夷。

②卧之侧，岂容他人鼾睡：典故见公元960年，赵匡胤建立宋朝，采取各个击破的战略，先后攻灭荆南、湖南、后蜀等地。974年，他召南唐后主李煜到汴京朝见。李煜担心自己被扣押，先派徐铉到汴京求和。宋太祖道："不须多言，江南有何罪，但天下一家，卧榻之侧，岂可使他人鼾睡。"后常喻自己的势力范围或利益不容别人侵占。

③有孚：见《周易》"家人"卦。上九，有孚威如，终吉。孚，信用；为人所信服。

【译文】

外国人占领了我国地盘，却要求停战议和，这令人极为愤慨。古人云，卧榻之侧，岂能容忍他人自在鼾睡？最近国家形势不幸艰难到这种地步，令人非常担忧。要想改变这种局面，让外国人敬畏臣服，国家就必须自立自强。装模作样、虚张声势于事无补。

面对危难有不屈不挠的顽强气节，面对财物有不贪不爱的清廉操守，这是树立威信的根本。《周易》论立家之道，尚且需要家庭中的每个成员都具备令人信服的威望。更何况现在是我们国家要树立威望于外国，要求被他国人信服，怎么能够不从自己做起呢？关于临难有不屈挠之节和临财有不沾染之廉两点，初听起来让人觉得迂阔遥远而不切合实际，其实却简单、明确，是可以在无形中消除许多祸患的。

二

凡恃己之所有、夸人所无者，世人常情也；忽于所习见、震于所罕见者，亦世之常情也。轮船之速，洋炮之远，在英、法夸其所独有，在中华则震于所罕见。

若能陆续购买，据为己物，在中华则惯而不惊，在英、法亦渐失其所恃。购成之后，访募覃思①之士，智巧之匠，始而演习，继而试造，不过一二年，火轮船必为中外官民通行之物，可以剿发逆②，可以勤远略。

【注释】

① 覃（tán）思：深思。《书序》："于是遂研精覃思，博考经籍，采摭群言，以立训传。"

② 发逆：国内与清廷抗衡的反对力量，指太平天国、捻军等。

【译文】

夸耀自己有而他人没有的东西，是世之常情。忽视常见之物，震惊于罕见之物，也是世之常情。轮船速度的快，洋炮射程的远，在英、法两国是夸耀自己独自拥有的东西，对于我们中国人却因为罕见而感到非常吃惊。

如果能不断购买轮船大炮，据为己有，那么中国人就会对它习惯常见而不再惊讶，英、法两国也就渐渐失去所倚仗的优势。

买回来之后，招募擅长思考的智士，智慧奇巧的工匠，最初是演练，然后就尝试制造。这样不过一二年工夫，火轮船必定会成为中外官民通行的必备物，既可用来剿除太平军、捻军等，又可巩固国家长远利益。

三

师夷之智，意在明靖内奸，暗御外侮也。列强乃数千年未有之强敌，师其智，购其轮船机器，不重在剿办发逆，而重在陆续购买，据为己有。

粤中猖獗，良可愤叹。夷情有损于国体，有得轮船机器，仍可驯服，则此方生灵，免遭涂炭耳。有成此物，则显以宣中国之人心，即隐以折彼族之异谋。各处仿而行之，渐推渐广，以为中国自强之本。

【译文】

学习洋人的智能技术，目的在于明处平定内乱，剿除奸党，暗处还可充分准备，抵御列强欺侮。列强是几千年来从未遇过的强敌，学习他们的才智，购买他们的轮船机器，重点不是为了剿办太平军等叛逆，而是着重在陆续购买，从而为我所有。

广东一带，洋人猖獗，实在令人可恨可叹。洋人这样放肆实在有损国家威严。有了轮船机器，就可利用起来驯服他们。那么这一方的老百姓，就可以免遭劫难了。有了这许多机器，从表面看，可以稳定国内人心；从深处讲，也可以折损列强侵略我们的预谋。各地模仿行效，逐步推广，可以作为我们中国自强的根本。

忠疑

一

盖君子之立身,在其所处。诚内度方寸,靡所于疚,则仰对昭昭,俯视伦物,心宽不怍,故冶长无愧于其师①,孟博不惭于其母②,彼诚有以自伸于内耳。

足下朴诚淳信,守己无求,无亡之灾,翩其相戾,顾衾对影③,何悔何嫌。正宜益懋醇修④,未可因是而增疑虑,稍渝素衷也。

国藩滥竽此间,卒亦非善。肮脏之习,本不达于时趋;而逡循⑤之修,亦难跻于先进。独是狷守介介⑥,期不深负知己之望,所知惟此之兢兢耳。

【注释】

①冶长无愧于其师:公冶长,名长,字子长。春秋时齐国人,一说鲁国人。孔子的学生。

②孟博不惭于其母:孟博,即范滂,字孟博,汉代人。一生疾恶如仇,为官清厉,经历两次党锢之祸,最终死于狱中。

③顾衾对影:衾,被子。对影,独处。

④益懋醇修:益懋,更加勤奋努力。醇修,专一修业。

⑤逡循:却行,恭顺貌。《晏子春秋·问下十二》:"晏子逡循对曰:'婴不肖,婴之族又不若婴,待婴而祀先者五百家,故婴不敢择君。'"

⑥狷守介介:正直孤傲,洁身自好。

【译文】

一般说来,君子讲求的立身之道,与他所处的环境关系密切。确实做到反省内心,毫无愧疚之处,那么仰望日月青天,俯视大地万物,就会心胸宽广,无畏无惧,更无羞惭。所以,公冶长没有愧对老师孔子,东汉范滂没有辱没母亲教诲,他们都有内心足以自信的东西。

您质朴诚实淳厚守信,恪守本分无求于人。可是意外灾祸却连连降临。一人独处时,内心何其悔恨不满,这时更应努力,专一修业,不能因此而增添疑虑,轻易改变平时一贯的信念。

我在此地滥竽充数,结果也不太好。糟糕的习性本来就跟不上眼前形势,而学习迟缓,也让我难跻身高明者之列。独有一件,那就是恪守自己的独立正直,希望不十分辜负朋友对我的期望。所追求的也只是小心谨慎地做到这些而已。

二

持矫揉①之说者,譬杞柳以为桮棬②,不知性命,必致戕贼仁义,是理以逆施而不顺矣。高虚无主见者,若浮萍遇于江湖,空谈性命,不复求诸形色,是理以豖恍而不顺矣。

惟察之以精,私意不自蔽,私欲不自挠,惺惺常存,斯随时见其顺焉。守之以一,以不贰自惕,以不已自循,栗栗惟惧,期终身无不顺焉。此圣人尽性立命③之极,亦即中人复性知命之功也夫!

【注释】

① 矫揉:矫正,整饬。矫,使曲的变直;揉,使直的变曲。
② 桮棬(bēi quān):一种木质的饮器。《孟子·告子上》:"性,犹杞柳也;义,犹桮棬也。以人性为仁义,犹以杞柳为桮棬。"
③ 尽性立命:将心性修养与人生使命贯通为一,修齐治平,践其天责,裁成万物。

【译文】

主张矫揉之说的人,就好像用杞柳枝编杯盘一般。不通晓本性和天命的区别,必然导致伤害仁义,使道理颠倒不顺畅。高谈玄虚妙论,却没有见识的人,就像浮萍漂泊在江湖上。凭空论述本性、天命的学问,却不探求事物的形状神色,这种学问实际上是模糊不清、说不通的。

只有体察精微，不隐蔽自己的意图，不阻挠自己的欲望，常常警觉，这样的人才会随时顺利行事。坚守专一，警戒自己忠贞不贰，并遵循前进不停息的规律，兢兢业业做事，唯恐有什么失误之处，这样做，才会终身没有不顺利的事。这是圣贤之人尽心性安身立命的最高境界，也是一般人恢复天性立身处世的有效法则。

三

阅王夫之所注张子《正蒙》①，于尽性知命之旨，略有所会。盖尽其所可知者，于己，性也；听其不可知者，于天，命也。《易·系辞》"尺蠖之屈"八句②，尽性也；"过此以往"四句③，知命也。

农夫之服田力穑，勤者有秋，散惰者歉收，性也；为稼汤世，终归礁烂，命也。爱人、治人、礼人，性也；爱之而不亲，治之而不治，礼之而不答，命也。

圣人之不可及处，在尽性以至于命。尽性犹下学之事，至于命则上述矣。当尽性之时，功力已至十分，而效验或有应有不应，圣人于此淡然泊然。若知之若不知之，若着力若不着力，此中消息最难体验。若于性分当尽之事，百倍其功以赴之，而俟命之学，则以淡泊如为宗，庶几其近道乎！

【注释】

① 张子《正蒙》：张子，张载，北宋理学家，世称横渠先生。《正蒙》乃张载重要哲学著作。此书中，张载以"气"为最原初的统一状态来论定"气"含能动之性，以"气"自身所有的能动之性为"气化"之源。

② "尺蠖之屈"八句：尺蠖，虫名，体长约二三寸，屈伸而行。尺蠖用弯曲来求得伸展。比喻以退为进的策略。《易·系辞下》："尺蠖之屈，以求信也；龙蛇之蛰，以存身也。精义入神，以致用也；利用安身，以崇德也。"

③ "过此以往"四句：《易·系辞下》："过此以往，未之或知也；

穷神知化，德之盛也。"

【译文】

阅览王夫之所注解的张载《正蒙》篇，对于尽性知命的意旨略有领会。自己所能知道、能改变的事，充分发挥自己的作用，就是性。对自己不可知、无法出力的事，听凭上天的安排，就是命。《易·系辞》"尺蠖之屈"八句，讲的就是尽性；"过此以往"四句，讲的就是知命。

农夫耕田地种庄稼，勤劳的有好收成，懒惰的就歉收，这就是性。在商汤大旱之年种庄稼，怎么勤劳庄稼终归焦枯绝收，这就是命。热爱别人，教化别人，礼遇别人，是性。热爱别人，别人却不亲近自己；教化别人，别人却不遵从实践；礼遇别人，别人却无回应，这就是命。

圣贤之人不可企及的地方，就在于尽性而知命，尽性还属于平常人可办到的，知命就非常难了。当尽性的时候，努力的功夫已达到十分，而效验或有或无，圣人对这种情况非常平静淡泊。好像知道又好像不知道，好像用力，又似乎没有用力，这其中分寸最难把握体验。如果是"尽性"之事，百倍努力也要求其成功，而对于听天由命之事，则以淡泊为原则，这样差不多就接近道了。

荷道

一

文章之道，以气象光明俊伟为最难而可贵。如久雨初晴，登高山而望旷野；如楼俯大江，独坐明窗净几之下，而可以远眺；如英雄侠士，裼裘①而来，绝无龌龊猥鄙之态。

此三者皆光明俊伟之象，文中有此气象者，大抵得于天授，不尽关乎学术。自孟子、韩子而外，惟贾生及陆敬舆、苏子瞻得此气象最多，阳明之文亦有光明俊伟之象，虽辞旨不甚渊雅，而其轩爽洞达，如与晓事人语，表里粲然，中边俱彻，固自可几及也。

【注释】

① 裼裘：泛指袒露显衣。形容不拘小节。《虬髯客传》："使迥而至，不衫不履，裼裘而来，神气扬扬，貌与常异。"

【译文】

写作文章，以气势宏伟、广阔、境界明朗光大最难达到，也最为可贵。如同连绵多雨的天空刚刚放晴，登临高山眺望平旷的原野，有心旷神怡、气象万千之感。又如登危楼俯临大江，独自一人坐明窗下、净几旁悠然远眺，可见水天交接、横无际涯的壮阔美景。又如豪侠英杰之士，袒露内衣不拘小节，气宇轩昂而来，丝毫没有猥琐卑鄙低下的神态。

这三者都是光明俊伟的气象境界，文章中能有这种境界，基本上得益于天赋，与后天努力学习没太大关系。除孟子、韩愈外，只有汉代贾谊、唐代陆贽、宋代苏轼，他们文章中达到这一境界的最多。明代王守仁的文章也有光明俊伟的气象，虽文辞意旨不很渊博优雅，但他文章显豁、通达、明快，如同和知书识礼的人谈论，表里都美，中心和铺映都相得益彰，确实不是轻易可达到的。

二

古人绝大事业，恒以精心敬慎出之。以区区蜀汉一隅，而欲出师关中，北伐曹魏，其志愿之宏大、事势之艰危，亦古今所罕见。

而此文①不言其艰巨，但言志气宜恢宏，刑赏宜平允，君宜以亲贤纳言为务，臣宜以讨贼进谏为职而已。故知不朽之文，必自襟度远大、思虑精微始也。

【注释】

① 此文：指诸葛亮《出师表》。

【译文】

古人谋求天下大业，常以专心致志、认真谨慎的态度来对待。诸葛亮以区区蜀汉的一块小地盘，却打算出兵关中，向北讨伐强大的曹魏。他志向的宏伟远大、所处形势的艰难危急，实在是古今所少见的。

而《出师表》这篇文章，不说事务的艰巨，只说志气应恢宏、赏罚应公允，为君者应亲近贤人、从善如流，为臣者应以讨伐奸贼、进谏忠言为职责。由此可知，那些流传千古的不朽文章，必定是作者襟怀远大、思虑专精造就的呀。

三

三古盛时，圣君贤相承继熙洽，道德之精，沦于骨髓，而学问之意，达于闾巷。是以其时罝兔之野人①，汉阳之游女②，皆含性贞娴吟咏，若伊莘、周召、凡伯、仲山甫③之伦，其道足文工，又不待言。

降及春秋，王泽衰竭，道固将废，文亦殆殊已。故孔子睹获麟④，曰："吾道穷矣！"畏匡曰："斯文将丧！"于是慨然发愤，修订六籍，昭百王之法戒，垂千世而不刊，心至苦，事至盛也。

仲尼既没，徒人分布，转相流衍。厥后聪明魁桀之士，或有识解撰著，大抵孔氏之苗裔。其文之醇驳，一视乎道之多寡以为差。见道尤多者，文尤醇焉，孟轲是也；次多者，醇次焉；见少者，文驳焉；尤少者，尤驳焉。自荀、扬、庄、列、屈、贾而下，次第等差，略可指数。

【注释】

①罝兔之野人：罝，网。罝兔，以网捕兔。《诗经·周南·兔罝》："萧萧兔罝，椓之丁丁。"野人，指农夫，平民。

②汉阳之游女：《诗经·周南·汉广》："南有乔木，不可休思；汉有游女，不可求思。汉之广矣，不可泳思；江之永矣，不可方思。"

③伊莘、周召、凡伯、仲山甫：伊莘，亦名伊挚，商汤时名相，贤而多才，辅佐商汤建立商朝。周召，亦作周邵，周成王时共同辅政的周公旦和召公奭（shì）的并称。两人分陕而治，皆有美政。凡伯，周朝卿士。有诗才，善治国事，辅佐周厉王，因直言陈弊，遭小人谗言，不得重用。仲山甫，一作仲山父。周太王古公亶父的后裔。周宣王元年受举荐入王室，任卿士。其为人品德高尚，不侮鳏寡，不畏强暴，总揽王命，敢纠天子之过。

④孔子睹获麟：麟乃瑞兽。必须明王在位，教化风行，然后麟乃始出。孔子睹获麟，正值周王室衰乱、明王不作之时，麟反出，折足伤身，终至自毙，故孔子哀麟，叹"出不逢时，而至自毙"。

【译文】

夏、商、周三代盛时，圣明的君主和贤能的辅相们世代相传，社会安定繁荣。道德的精义深入人心，讲求学问的风尚普及市井乡间，因此，哪怕是捕兔子的乡野之人，以及汉江边游玩的女子，都天性淳厚贞静、善于吟咏。至于像伊莘、周召、凡伯、仲山甫这些人，他们的德行完美，文才精工，自不待言。

到了春秋时期，君王的恩泽衰落枯竭，道义本身趋于废弛，文章也就变质了。所以孔子目睹了人们捕获麒麟，就叹息说："我崇尚追求的大道完结了呀。"被匡人威胁，就说："古代的礼乐制度要丧失了。"于是慨然发愤，修订六经。昭示百代称王所需的法则，使之流传千世也不更改，真是用心良苦之至，事业盛大之极呀。

孔子去世之后，他的门徒四方分布，不断传授、演进孔子学说。后来聪明杰出的人才，那些多见解擅著书的，大体上都是孔子的传人呀。他们的文章有的醇厚有的驳杂，与他们对道德礼仪见识的多少紧密相联。掌握大道特别多的，他的文章就醇厚深沉，孟轲就是这样的人；掌握大道较多的，文章内容就较丰厚一些；掌握大道少的，文章就有些驳杂浮泛；掌握大道最少的，文章就驳杂虚浮得最厉害。自荀况、扬朱、庄子、列子、屈原、贾谊之下，聪明杰出、擅长撰文者的高低等次，基本上就可以标示排列出来了。

藏锋

一

《扬雄传》云:"君子得时则大行,不得时则龙蛇。"龙蛇者,一曲一直,一伸一屈。如危行,伸也。言孙,即屈也。此诗畏高行之见伤,必言孙以自屈,龙蛇之道也。

【译文】

《扬雄传》中说:"君子遇到圣明的时代,就力行其道;遇到朝政黑暗、君主无道的时候,就如龙蛇,可屈可伸。"龙蛇,就是讲一直一曲,一伸一屈。比如说保持高洁的操守,就属于伸的一方面。言语谦逊,就是屈的一方面。此诗讲害怕行高于世,必被伤害,所以言语要谦逊,以自屈求全,这就是龙蛇之道。

二

诚中形外,根心生色,古来有道之士,其淡雅和润,无不达于面貌。余气象未稍进,岂耆欲有未淡邪?机心①有未消邪?当猛省于衷,而取验于颜面。

【注释】

①机心:就是计划算计之心。语出《庄子》:"机心当去,真朴长存。"

【译文】

内心的诚恳可通过外貌呈现,根植于心的本性也可表现在神色上。古往今来有道的人,淡雅谦和无不表现于面貌。我的气色没有变化,是不是欲望没淡化?算计之心没有消弭?应该在心中猛省,表现在脸色上。

三

凡民有血气之性，则翘然而思有以上人。恶卑而就高，恶贫而觊富，恶寂寂而思赫赫有名。此世人之恒情。

而凡民之中有君子人者，率常终身幽默，暗然退藏。彼岂异性？诚见乎其大，而知众人所争者之不足深较也。

自秦汉以来，迄于今日，达官贵人，何可胜数？当其高据势要，雍容进止，自以为才智加人万万。及夫身没观之，彼与当日之厮役贱卒①、污行贾竖②，营营而生、草草而死者，无以异也。而其间又有功业文学猎浮名者，自以为才智加人万万。及夫身没观之，彼与当日之厮役贱卒、污行贾竖，营营而生、草草而死者，亦无以甚异也。然则今日之处高位而获浮名者，自谓辞晦而居显，泰然自处于高明。曾不知其与眼前之厮役贱卒、污行贾竖之营营者行将同归于澌尽，而毫毛无以少异，岂不哀哉！

【注释】

① 厮役贱卒：从事杂务的职位低下者。

② 贾（gǔ）竖：旧时对商人的贱称。

【译文】

大凡有刚气血性的人，都会油然生出超过他人的念头。他们讨厌卑微，趋向权势，讨厌贫贱而希望富贵，讨厌默默无闻而思慕显赫的名声。这是世人的常情。

但是大凡人中君子，大都终身静默藏锋，淡然隐居。他们难道跟一般人天性不一样吗？实际上，他们才真正看到了大的东西，而知道一般人所争逐的是不值得计较的。

自秦汉以来，所谓达官贵人，哪里能数得尽呢？当他们高据权势要职时，举止仪态从容高雅，自以为才智超过别人万万倍，但等到他们死去之后再看，就跟当时的杂役贱卒、做低下行当的买卖人，营营役役地生活、又草草地死去的人，是没有什么不同的。而其中又有依靠功业文章猎取浮名的人，也自以为才智超过他人万万倍。但等到他们死去之后再看，他们跟当日的杂役贱卒、做低下行当的买卖人，营营役役地生活、又草草地死去的人，也是没有什么特别不同的。既然这样，那么今日那些身居高位而浪得虚名的人，自以为文章蕴涵深义而地位显贵，因而泰然自若地自奉为高明，却不知道自己跟眼前那些营营役役的杂役贱卒、做低下行当的买卖人一样，都将一同消失，并无丝毫差异，这难道不悲哀吗？

四

古之英雄，意量恢拓，规模宏远，而其训诫子弟，恒有恭谨厚藏，身体则如鼎之镇。以贵凌物，物不服；以威加人，人不厌。此易达事耳。声乐嬉游，不宜令过。蒲酒①渔猎，一切勿为。供用奉身，皆有节度。奇服异器，不宜兴长。又宜数引见佐吏，相见不数，则彼我不亲。不亲，无因得尽人情；人情不尽，复何由知众事也。

数君者，皆雄才大略，有经营四海之志，而其教诫子弟，则约旨卑思，敛抑已甚。

【注释】

① 蒲酒：边喝酒，边掷色子。（注：掷色子乃古代的一种游戏。）

【译文】

古代的英雄，志向和胸怀都很恢宏广大，事业规模也宏大高远，但是，他们告诫子孙，做人应该虚心、谨慎、藏锋，身体要如同铜鼎一样稳固。倚仗权贵欺凌别人，别人难以服平；凭借权威对人，别人就会不满。这是容易理解的事情。声色嬉游之类的活动，不应该让他们太过度了。赌博酗酒，钓鱼打猎，这一切都不要做。日常用品的使用，都要有节度。对奇异服装玩物，不应该有太大的兴趣。应该适宜地多多引见佐吏。相见不多，他们与我就不亲近；不亲近，我就无法了解他们的情绪思想；人情不了解，又如何知道民众的事情呢？

　　这几位先生，都是雄才大略之人，都有治理国家的志向，而他们教育、告诫子弟，都是意旨简约，从卑微处着想，收敛抑制得很。

盈虚

一

尝观《易》之道，察盈虚消息之理，而知人不可无缺陷也。日中则昃①，月盈则亏，天有孤虚，地阙东南，未有常全而不缺者。

"剥"也者，"复"之几也，君子以为可喜也。"夬"也者，"姤"之渐也，君子以为可危也。

是故既吉矣，则由吝②以趋于凶；既凶矣，则由悔③以趋于吉。君子但知有悔耳。悔者，所以守其缺而不敢求全也。小人则时时求全；全者既得，而吝与凶随之矣。众人常缺，而一人常全，天道屈伸之故，岂若是不公乎？

【注释】

① 昃（zè）：太阳偏西。《说文解字》："昃，日在西方时侧也。"
② 吝：没有得到大害时的小失。
③ 悔：没有得到利时的小失。

【译文】

我曾思考《易经》中所讲的道理，考察盈虚升降的道理，才知道人不可能没有缺陷。日到正中很快就会西落，月亮圆了很快又要有缺，阴阳相背，地缺东南，没有总是十全十美而毫无缺陷的事物。

《周易》中的"剥"卦，是讲阴盛阳衰，小人得势君子困顿的，可这正蕴育着相对应的"复"卦，阳刚重返、生气蓬勃，所以君子认为得到"剥"卦是可喜的。《周易》中的"夬"卦，是讲君子强大，小人逃窜，暗藏着"姤"卦，阴气侵人，小人卷土重来，所以君子认为得"夬"卦就潜伏着危险，不能掉以轻心。

所以本来是吉祥的，可以由未得大害的小过失变为大凶；本来是不吉祥的，可以由未得利的小失而又向吉祥发展。君子只有知道世上有许许多多未得利的小失，才可以忍受得住缺陷而不去追求过于完美的东西。小人不懂得这个道理，时时要追求完美；完美既然得到了，而未得大害的小失和不吉也就跟着来了。如果众人都有不足，而一人常十全十美，天道如此屈伸不分，岂不是太不公平了吗？

二

天下事焉能尽如人意？古来成大事者，半是天缘凑泊，半是勉强迁就。金陵之克①，亦本朝之大勋，千古之大名，全凭天意主张，岂尽关乎人力？

天于大名，吝之惜之，千磨百折，艰难拂乱而后予之。老氏所谓"不敢为天下先"②者，即不敢居第一等大名之意。

【注释】

① 金陵之克：指湘军攻克天京一事。

② 老氏所谓"不敢为天下先"：老氏，即老子。其《道德经》曰："我有三宝，持而保之：一曰慈，二曰俭，三曰不敢为天下先。"

【译文】

天下事怎能尽如人意？自古以来成大业的人，一半是天缘凑巧，另一半是勉强迁就。攻克金陵，也是本朝的大功勋，千古的大功名，这全都是凭借上天意旨做主，怎么会完全由人力决定呢？

上天对于大功名，吝惜得很，需经千百次折磨、艰难动乱之后才能给予。老子所说的"不敢为天下先"这句话，就是说不敢身受天下第一等大功名的意思。

三

弟前岁初进金陵，余屡信多危悚敬戒之辞，亦深知大名之不可强求。

今少荃二年以来屡立奇功，肃清全苏，吾兄弟名望虽减，尚不致身败名裂，便是家门之福。

疲师虽久而朝廷无贬辞，大局无他变，即是吾兄弟之幸。只可畏天知命，不可怨天尤人。所以养身祛病在此，所以持盈保泰亦在此。

【译文】

弟弟前年刚进围金陵，我多次写信给你且大多是恐惧儆戒的话，也缘于深知大功名是不能勉强求得的。

少荃（李鸿章）自同治二年以来屡建奇功，肃清江苏全境，我辈兄弟的名誉声望虽然降低了，但还不致身败名裂，这就是家门的福分。

军队已疲惫困顿很久了，而朝廷并没有贬斥之词，全局也没有其他变故，这就是我们兄弟值得庆幸的事。应该敬畏上天，认识天命，可不能埋怨上天，归罪别人。我们用以保养身体、去除疾病靠这个，用来维持家庭兴盛之象、保持安泰也靠这个。

四

谆谆①慎守者但有二语，曰"有福不可享尽，有势不可使尽"而已。福不多享，故总以俭字为主，少用仆婢，少花银钱，自然惜福矣；势不多使，则少管闲事，少断是非，无感者亦无怕者，自然悠久矣。

余斟酌再三，非开缺②不能回籍。平日则嫌其骤，功成身退，愈急愈好。

【注释】

① 谆谆：形容诚恳教导，反复告诫貌。

② 开缺：旧时官吏因故不能留任，免除其职务，另外选人充任。

【译文】

要反复告诫大家严格遵守的只有两句话，那就是"有福分不能全部享尽，有权势也不能用得精光"。有福而不过分享用，就是要以俭字为主，少用仆人奴婢，少花银钱，自然就是珍惜福分了；有势不多使，少管闲事，少评判是非，没有人感谢你也没有人怕你，就自然可以长久了。

我反复考虑，不免职就不能回老家。平日里嫌这样做太急促，如今功成，引退则越快越好。

冰鉴

神骨

一

语云:"脱谷为糠,其髓斯存",神之谓也;"山骞不崩,唯石为镇",骨之谓也。一身精神,具乎两目;一身骨相,具乎面部。他家兼论形骸,文人先观神骨。开门见山,此为第一。

【译文】

俗话说:"稻谷的外壳分离出来就是没有多大用途的谷糠,但稻谷的精华——米,仍然存留着,不会因外壳磨损而丢失。"这精华,犹如一个人内在的"神"。俗话又说:"山岳表面的泥土虽然经常流失,但山却不会崩坍,因为山有坚硬的岩石支撑着。"这里所谓的镇山之"石",就相当于支撑人形体的"骨"。一个人内在的"神",主要集中在他的眼睛里;一个人的"骨",主要体现在他的面孔上。别家相术还要谈及人的外在情态体势,相文人则要先观察其"神""骨"。"神"和"骨"像两扇大门,命运深藏其后。察看"神"和"骨"就相当于打开两扇大门,考察人的气质,揭示其命运。所以说,"神"和"骨"是观人的第一要诀。

二

文者论神,有清浊之辨。清浊易辨,邪正难辨。

欲辨邪正,先观动静。静若含珠,动若木发;静若无人,动若赴的:此为澄清到底。

静若萤火,动若流水,尖巧而喜淫;静若半睡,动若鹿骇,别才而深思。一为败器,一为隐流,均之托迹于清,不可不辨。

【译文】

文人在研究、观察人的"神"时,一般把"神"分为清明和愚浊两种类型。清明和愚浊容易区分,但是"清"中忠正与奸邪则不容易分辨。

如果想要分辨一个人内在精神状态的邪与正，应该先观察他处于动和静，即观物看人和无所观看两种状态下的表现。两眼处于静态，即无所观看时，目光沉稳安详又暗含光辉，真情内蕴，宛如两颗晶莹的明珠，含而不露；两眼处于动态，即观物看人时，目光敏锐犀利，精光闪烁，宛如春天树木抽出的新芽。两眼处于静态时，目光清明澄澈，不为他物所扰，旁若无人；两眼处于动态时，目光锐利灿然，锋芒外露，宛如瞄准目标，一发中的。以上两种，澄澈清明，清到极点，是"清"中忠正的神态。

两眼处于静态时，目光像萤火虫一样昏暗不明，闪烁迷离；两眼处于动态时，目光像流水一样无所归附，游移不定。以上这两种，一种是善于掩饰伪装，一种是奸邪之意在内心萌动。两眼处于静态时，目光似睡非睡，似醒非醒；两眼处于动态时，目光像受惊的小鹿一样惶惶不安。以上这两种，一则是有智有能而不循正道的神情，一则是深谋图巧又怕别人窥见他内心的神情。具有前两种神情的人，多是品行有瑕疵之辈；具有后两种神情的人，则是含而不发之人。这些都属于奸邪的神情，可是它们常常混杂在清明的神情中，是观人时必须仔细加以辨别的。

三

凡精神，抖擞处易见，断续处难见。断者出处断，续者闭处续。

道家所谓"收拾入门"之说，不了处看其脱略，做了处看其针线。小心者，从其做不了处看之，疏节阔目，若不经意，所谓脱略也。大胆者，从其做了处看之，慎重周密，无有苟且，所谓针线也。二者实看向内处，稍移外便落情态矣，情态易见。

【译文】

大凡观察辨识别人的精神状态，是故作振作，还是真的精神抖擞，是比较容易分辨的，而那种介于假振作和真抖擞之间的情况就比较难于识别了。精神不足，是故作抖擞并表现于外；而精神有余，则是自然流露并蕴涵于内。

所以道家于观察神态有"收拾入门"的说法。对尚未"收拾入门"，即尚未去掉杂念，不能以静待动的人，要观察他行动的轻慢不拘；对已经"收拾入门"，即已经去掉杂念，能够以静待动的人，要着重看他精细周密的方面。对于小心谨慎的人，要从尚未摒除杂念、不能以静待动的时候去看他。这样就可以发现，他愈是小心谨慎，举动就愈是不精细周密，总好像漫不经心的样子。这种精神状态，就是所谓的轻慢不拘。对于性情豪放率直的人，要从已经摒除杂念、能够以静待动的时候去看他，这样就可以发现，他愈是率直，举动就愈是周密，他愈是豪爽，举动就愈是一丝不苟，这种精神状态，就是所谓的精细周密。所谓"脱略"（轻慢不拘）和"针线"（精细周密）这两种精神状态，实际上都存在于人的内心世界，但只要稍微向外一流露，立刻就会变为情态，而情态是比较容易看到的。

四

骨有九起：天庭骨隆起，枕骨强起，顶骨平起，佐串骨角起，太阳骨线起，眉骨伏犀起，鼻骨芽起，颧骨若不得而起，项骨平伏起。在头，以天庭骨、枕骨、太阳骨为主；在面，以眉骨、颧骨为主。五者备，柱石之器也；一则不穷；二则不贱；三则动履稍胜；四则贵矣。

【译文】

九块贵骨各有各的形态：天庭骨贵在丰隆饱满；枕骨贵在充实显露；顶骨贵在平正而突兀；佐串骨贵在其状如角，斜上直入发际；太阳骨贵在直线上升；眉骨贵在骨棱显而不露，隐隐约约像犀角伏地；鼻骨贵在状如芦笋竹芽，挺拔而起；颧骨贵在有力有势，又不陷不露；项骨贵在平伏厚实，又隐约显露。

看头部的骨相，主要看天庭、枕骨、太阳骨这三处关键部位；

看面部的骨相，则主要看眉骨、颧骨这两处关键部位。如果以上五种骨相完美无缺，此人一定是国家的栋梁之材；如果只具备其中的一种，此人便终生不会贫穷；如果能具备其中的两种，此人便终生不会卑贱；如果能具备其中的三种，此人只要有所作为，就会发达；如果能具备其中的四种，此人一定会地位显贵。

五

骨有色，面以青为贵，"少年公卿半青面"是也。紫次之，白斯下矣。骨有质，头有联者为贵。碎次之。总之，头上无恶骨，面佳不如头佳。然大而缺天庭，终是贱品；圆而无串骨，半是孤僧；鼻骨犯眉，堂上不寿；颧骨与眼争，子嗣不立。此中贵贱，有毫厘千里之辨。

【译文】

骨有不同颜色，而面部颜色以青色最为高贵，俗话说的"少年公卿半青面"就是这个意思。黄中透红的紫色比青色略次一等，面如枯骨傅粉则是最下等的颜色。骨有一定的气势，头部骨骼以相互关联、气势贯通为高贵，互不贯通、支离散乱则略次一等。

总之，只要头上没生恶骨，面相再好也不如头相好。但是，如果头大而天庭骨却不够丰隆，终究只能处于卑贱的地位；如果头圆而佐串骨却隐伏不见，多半要成为孤贫的僧人；如果鼻骨冲犯两眉，父母必不长寿；如果颧骨紧贴眼尾而颧峰凌眼，必无子孙后代。这里富贵与贫贱的差别，有如毫厘之短与千里之长，是非常大的。

刚柔

一

既识神骨,当辨刚柔。刚柔,则五行生克①之数,名曰"先天种子",不足用补,有余用泄。消息与命相通,此其较然易见者。

【注释】

① 五行生克:五行指金、木、水、火、土。五行学说认为五行是构成宇宙万物的五种基本元素,宇宙中各种事物和现象的发展、变化都是这五种元素不断运动和相互作用的结果。五行之间有相生相克的关系。一种元素对另一种元素具有生发促进作用叫"相生"(木生火,火生土,土生金,金生水,水生木),具有抑制约束作用叫"相克"(木克土,土克水,水克火,火克金,金克木)。五行之间,相生相克是不可分割的两个方面,二者相反相成,周而复始。

【译文】

已经鉴识神骨之后,还应当进一步辨别刚柔。事物的阳刚和阴柔源于五行之间的相生相克,道家叫作"先天种子",是人先天遗传下来的生命力。如果某一部位之相过于柔弱,其他部位之相就会对它加以补充,如果某一部分之相过于刚强,其他部位之相就要对它进行削损,使之刚柔平衡,达到和谐的状态。刚柔和阴阳的盈虚消长与人的命运密切相关,这是在对比中就能很容易发现的。

二

五行有合法,木合火,水合木,此顺而合。顺者多富,即贵亦在浮沉之间。①金与火仇,有时合火,推之水土者皆然,此逆而合者，其贵非常②。然所谓逆合者，金形带火则然，火形带金，则三十死矣；③水形带土则然，土形带水，则孤寡终老矣；木形带金则然，金形带木，则刀剑随身矣。此外牵合，俱是杂格，不入文人正论。

【注释】

①　五行有合法……即贵亦在浮沉之间：五行相生关系为顺合，如木生火，火生土，土生金，金生水，水生木。五行学说认为五行顺合主富不主贵。

②　金与火仇……其贵非常：五行相克关系为逆合。金与火仇，即火本克金，但由于金强火弱，所以金反克火，此种关系称为反克。五行间反克关系为：金仇火，火仇水，水仇土，土仇木，木仇金。五行学说主张五行反克主贵。

③　金形带火则然，火形带金，则三十死矣：按相学家观点，人的形体依照五行可分五种，即金形人、木形人、水形人、火形人和土形人。金形带火即金形人带有火形的相，金反克火，则主贵。火形带金即火形人带有金形的相，火克金，不吉。

【译文】

五行之间具有相生相克的关系，这种关系称为"合"，"合"又有顺合与逆合之分，如木生火、水生木这种就是顺合，有顺合之相的人大多富裕，但很难显贵，就算偶尔显贵也只能是一时之事，升降浮沉，难于持久。

金与火，有时金反克火，有时火克金，类而推之，水与土等之间的关系都是这样，这就是逆合。有这种逆合之相的人，往往显贵非常，但是逆合之相中又自有区别。

如果金反克火，金形人带有火形之相，便是好事；相反，如果是火形人带有金形之相，金被火克了，那么到了三十岁就会死亡。水形人带土形之相便会显贵，如果是土形人带有水形之相，那么就会一辈子孤寡无依；如果是木形人带有金形之相，便会非常高贵，相反，如果是金形人带有木形之相，就会有刀剑之灾、杀身之祸。其他的关系可以类推，除此之外的那些牵强附会的说法，都是杂凑的模式，不能归入文人相学的正宗理论。

三

五行为外刚柔。内刚柔，则喜怒、跳伏、深浅者是也。喜高怒重，过目辄忘，近"粗"。伏亦不伉，跳亦不扬，近"蠢"。初念甚浅，转念甚深，近"奸"。内奸者，功名可期。粗蠢各半者，胜人以寿。纯奸能豁达，其人终成。纯粗无周密，半途必弃。观人所忽，十有九八矣。

【译文】

五行只是刚柔之气的外在显现，称为外刚柔，此外，还有与之相对应的内刚柔。内刚柔指的是喜怒情感、激动或平静的情绪和心态城府。遇到喜事则乐不可支，遇到烦心事就怒不可遏，而且情绪转瞬即忘，这种人阳刚之气过盛，气质近乎粗鲁。平静的时候没有一点生气，遇到高兴的事情也激动不起来，这种人阴柔之气太盛，其气质接近于愚蠢。

遇到事情，起初的考虑都很肤浅，然而一转念，又考虑得非常周到深入，这种人阳刚与阴柔并济，其气质接近于奸。内奸之人懂进退，能屈伸，往往能够成就一番功名事业。既粗鲁又愚蠢的人，刚柔能够支配他们的心，使他们乐天知命，因此其寿命往往超过常人。内藏奸诈之人，其心反过来支配刚柔，如果能够豁然达观，最终也会获得事业的成功。那种粗莽而又不周密的人，往往一味刚强，做事必定要半途而废。

从这些常被人忽视的方面观察人，十有八九会是准确的。

容貌

一

容以七尺为期，貌合两仪①而论。胸腹手足，实接五行；②耳目口鼻，全通四气。③相顾相称，则福生；如背如凑，则林林总总，不足论也。

【注释】

① 两仪：指阴阳，包括天地、雌雄、男女、有无等，此处指人的天庭和地阁。

② 胸腹手足，实接五行：五脏与五行相对应。肝属木，心属火，肺属金，肾属水，脾属土。

③ 耳目口鼻，全通四气：五官五脏与四季相通。目通肝，为肝之窍，属春；舌通心，为心之窍，属夏；鼻通肺，为肺之窍，属秋；耳通肾，为肾之窍，属冬；土旺于四季，而脾属土，其窍在唇。

【译文】

看人识相，观姿容以七尺躯体的形态和情貌为主，看面貌则主要凭天庭地阁来判断。人的胸腹手足，都与五行相关联，耳目口鼻，皆和春夏秋冬四时之气相贯通。人体的各个部位，如果相互照应、匹配，彼此对称、协调，那么这人就有福相，而如果相互背离或彼此驳杂不协调，使相貌显得杂乱而又支离，其命运就可能非常不济了。

二

容贵"整"，"整"非整齐之谓。短不豕蹲，长不茅立，肥不熊餐，瘦不鹊寒，所谓"整"也。背宜圆厚，腹宜突坦，手宜温软，曲若弯弓，足宜丰满，下宜藏蛋，所谓"整"也。五短①多贵，两大②不扬，负重高官，鼠行好利，此为定格。他如手长于身，身过于体，配以佳骨，定主封侯③；罗纹满身，胸有秀骨，配以妙神，不拜相即鼎甲④矣。

【注释】

①五短：五短身材，头、面、身、手、足都短叫五短。为均衡相，主贵。

②两大：两条腿太长。不吉。

③封侯：侯，封建五等爵位的第二等。古代爵位包括公、侯、伯、子、男。后也泛指达官贵人。此处封侯泛指登高位。

④鼎甲：科举殿试分为三甲，名列一甲共三人，依次为状元、榜眼、探花。

【译文】

人的姿容以"整"为贵，这个"整"并非整齐划一，而是指人身体的各个组成部分要均衡、匀称，使之构成一个有机和谐的整体。

就身材而言，人的个子可以矮一些，但不要矮得像一头蹲着的猪；个子也可以高一些，但绝不能高得像一棵孤立的茅草那样挺立。从体形来看，体态可以胖一些，但又不能胖得像一头贪吃的熊那样臃肿；体态也可以瘦一些，但又不能瘦得如同一只寒鸦那样单薄。这些就是本节所说的"整"。

再从身体各部位来看，背部要浑圆而厚实，腹部要突出而平坦，手要温润柔软，手掌则要能弯曲如弓，双脚要丰厚饱满，脚心以自然弯曲到能藏下鸡蛋为佳，这也是所谓的"整"。

五短身材虽然看起来不怎么样，却大多地位高贵，两腿过长的人往往命运不佳。一个人走起路来如同背负了重物，那么此人日后必定有高官之运。一个人如果走路像老鼠般步子细碎急促，两眼又左顾右盼且目光闪烁不定，那么这个人必是贪财好利之徒。这些都是命相的固定判断格局，屡试不爽。其他的命相格局，如两臂比上身长（手臂最好超过膝盖），上身比下身长，再有着一副上佳之骨相，那么这个人日后一定会荣登高位。如果皮肤细腻柔润，就好像全身遍布绫罗，胸部骨骼又隐而不现，文秀别致，再配上一副奇佳的神态，这个人日后即使不能拜相也定能入鼎甲之列。

三

貌有清、古、奇、秀之别，总之须看科名星①与阴骘纹②为主。科名星，十三岁至三十九岁随时而见；阴骘纹，十九岁至四十六岁随时而见。二者全，大物也；得一亦贵。科名星见于印堂眉彩，时隐时见，或为钢针，或为小丸，尝有光气，酒后及发怒时易见。阴骘纹见于眼角，阴雨便见，如三叉样，假寐时最易见。得科名星者早荣，得阴骘纹者迟发。二者全无，前程莫问。阴骘纹见于喉间，又主生贵子；杂路不在此格。

【注释】

① 科名星：上腾于天庭而凝结于帝座的紫气，出现于印堂与眉彩之间。

② 阴骘纹：生长于眼眶之下的纹路，也称卧纹，为后天修善积德而成。

【译文】

人的面貌可分为清秀、古朴、奇伟、秀丽四种，主要从科名星（印堂与眉彩之间）和阴骘纹（眼眶之下、卧蚕宫之上之纹）上来辨别。科名星在十三岁到三十九岁这段时间随时都可以看到，阴骘纹在十九岁到四十六岁这段时间也可随时看见。如果一个人阴骘纹和科名星这两样都具备的话，将来定会成为非同寻常的人，即便仅具备其中一样，也会富贵。科名星显现在印堂和眉彩之间，时隐时现，有时形同钢针，有时形同小球，是一种红光瑞气，在喝酒之后和发怒时最容易看见。阴骘纹常常出现在眼角，遇到阴天或下雨天便能看见，形状像三股叉，人瞌睡时最容易见到。有科名星的人，年轻时就会取得功名，发达荣耀。有阴骘纹的人发迹则要晚些。如果两样都没有，这人就没有什么前程可言了。如果阴骘纹出现在咽喉部位，预示着该人将得贵子；如果阴骘纹出现在其他部位，则不属于"生贵子"这个格局。

四

目者面之渊，不深则不清。鼻者面之山，不高则不灵。口阔而方禄千钟①，齿多而圆不家食。眼角入鬓，必掌刑名。顶见于面，终司钱谷，出贵征也。舌脱②无官，橘皮不显。文人有伤左目，鹰鼻动便食人，此贱征也。

【注释】

① 方禄千钟：禄，古代发给官员的薪水。钟，古代容量单位，为六斛四斗，千钟言其多。

② 舌脱：说话不清楚，口吃。

【译文】

人的双眼如同面部的两方深潭，神气不深沉含蓄，面部就不会神清气爽。鼻子如同面部的一座山脉，鼻梁和准头不挺拔丰隆，面部就不会显现机灵聪慧之气。嘴巴宽阔又方正的人必享受国家厚禄，牙齿细小而圆润的人适合在外地发展事业。两眼秀长并延伸到鬓角的人，必会执掌司法大权。秃发谢顶而使头与面额相连没有限界的，能掌财政大权，所谓"十秃九富"是也。这些都是富贵的征兆。

口吃的人没有官运。面部皮肤粗糙像橘子皮的人不会发达。文人左眼象征文曲星，如果有伤，该人终生无所作为。鼻子如鹰钩状的人，必定内心阴险狠毒，喜伤人。这些都是卑贱的征兆。

情态

一

　　容貌者,骨之余,常佐骨之不足。情态者,神之余,常佐神之不足。久注观人精神,乍见观人情态。大家举止,羞涩亦佳;小儿行藏,跳叫愈失。大旨亦辨清浊,细处兼论取舍。

【译文】
　　容貌是"骨"的外在表现,常常可以弥补骨相方面的不足。情态是内在精神状态的流露,常常可以弥补内部精神状态的不足。
　　如果要长久地关注某人,应该注重观察其精神内质,初见某人则应注意其情态。举止有大家风范的人,他的羞涩情态都显得优雅得体;而像小孩子那样打打闹闹,跑跑跳跳,愈是叫嚣得厉害,愈显得虚伪粗俗。观人情态,要在大处分辨清浊,而在小处不仅要分辨清浊,还要分辨其行止主次,方可做出取舍。

二

　　有弱态,有狂态,有疏懒态,有周旋态。飞鸟依人,情致婉转,此弱态也。不衫不履,旁若无人,此狂态也。坐止自如,问答随意,此疏懒态也。饰其中机,不苟言笑,察言观色,趋吉避凶,则周旋态也。皆根其情,不由矫枉。弱而不媚,狂而不哗,疏懒而真诚,周旋而健举,皆能成器;反之,败类也。大概亦得二三矣。

【译文】
　　常见的情态有以下四种:委婉柔弱之态、狂放不羁之态、怠慢疏懒之态和圆滑周旋之态。如小鸟依人,情致婉转,娇柔亲切,这就是弱态;衣冠不整,不修边幅,目空一切,旁若无人,这就是狂态;想做什么就做什么,想怎么说就怎么说,不分场合,不论忌宜,这就是疏懒态;把心机掩藏起来,一本正经,察言观色,事事趋吉避凶,处事圆滑周到,这就是周旋态。

　　这些情态,都出自人内心的真情实性,不是可以随意虚饰造作的。委婉柔弱而不曲意谄媚,狂放不羁而不喧闹嘈杂,怠慢懒散但坦率纯真,处事圆滑却强干豪雄,这些人日后都能成为有用之才;反之,则会沦为无用之物。情态很难精确把握,但只要分辨出大致,对一个人的将来就能看出个二三成了。

三

　　前者恒态,又有时态。方有对谈,神忽他往;众方称言,此独冷笑:深险难近,不足与论情。言不必当,极口称是;未交此人,故意诋毁:卑庸可耻,不足与论事。漫无可否,临事迟回;不甚关情,亦为堕泪:妇人之仁,不足与谈心。三者不必定人终身。反此以求,可以交天下士。

【译文】

　　前面说的是人们在生活中经常出现的情态,称为"恒态"。除此之外,还有几种情态,是不经常出现的,称之为"时态"。如正在跟人交谈时,他却把目光和思路转向其他地方去,缺少诚意;在众人言笑正欢的时候,他却在一旁冷笑:这类人城府深沉,居心险恶,难以接近,不能跟他们建立交情。别人发表的意见未必完全妥当,他却在一旁连声附和;还没有跟这个人打交道,他就在背后对人家进行恶意诽谤和诬蔑:这类人庸俗下流,卑鄙可耻,不能跟他们合作共事。无论遇到什么事情都不置可否,事到临头还迟疑不决;为不值得的事情伤心落泪,大动感情:这类人纯属"妇人之仁",不值得跟他们推诚交心。以上三种情态虽然不一定能决定一个人终身的命运,但若能够以上述三种情态作为反例而与他人交往,就可以遍交天下朋友了。

须眉

一

"须眉男子",未有须眉不具可称男者。"少年两道眉,临老一付须",此言眉主早成,须主晚运也。然而紫面无须自贵,暴腮缺须亦荣:郭令公①半部不全,霍骠骁②一副寡脸。此等间逢,毕竟有须眉者,十之九也。

【注释】

① 郭令公:唐代名将郭子仪。曾任中书令,故世称郭令公。平定"安史之乱"有功,多次受朝廷赏赐,位极人臣,富甲一方。

② 霍骠骁:汉代名将霍去病,曾任骠骁将军,故世称霍骠骁。因驱逐匈奴有功被封冠军侯,位高权重。

【译文】

人们常说"须眉男子",这就是将须眉作为男子的代称。事实上也的确如此,因为世间还没有既无胡须又无眉毛的人能够称得上是男子的。俗话说,"少年两道眉,临老一付须",这话的意思是,一个人年少时的命运如何,要看眉毛的相,而晚年运气怎么样,则以看胡须为主。但是也有例外,面部呈紫气,即使没有胡须,地位也会高贵;两腮突露,就算胡须稀少,声名也能显达。郭子仪虽然胡须稀疏,却位高权重;霍去病只是一副寡脸相,却功高盖世。但这种情况,不过偶然发生,毕竟有胡须有眉毛的,十个男子里面有九个。

二

眉尚彩,彩者,杪处反光①也。贵人有三层彩,有一二层者。所谓"文明气象",宜疏爽不宜凝滞。一望有乘风翔舞之势,上也;如泼墨者,最下。倒竖者,上也;下垂者,最下。

长有起伏，短有神气；浓忌浮光②，淡忌枯索。如剑者掌兵权，如帚者赴法场。个中亦有征范，不可不辨。但如压眼不利，散乱多忧，细而带媚，粗而无文，是最下乘。

【注释】

① 反光：鸟兽，尤其是珍禽异兽羽毛末梢泛起的绚丽鲜艳的光彩，是生命力的显现。

② 浮光：虚浮之光，阳气太盛所致。

【译文】

眉毛贵在有光彩，所谓光彩就是眉毛梢部闪现出的光亮。富贵的人，他眉毛的根部、中部、梢部共有三层光彩，也有的人只有两层或一层。通常所说的"文明气象"，指的就是眉毛要疏密有致、清秀润朗，不要厚重呆板，又浓又密，缩在一起。远远望去，像两只凤在乘风翱翔，或像一对龙在腾空飞舞，这就是上等的眉相。如果像一团浸染的墨汁，就是最下等的眉相。双眉倒竖，眉角上挑，是好眉相。双眉下垂，呈八字形，是下等眉相。眉毛如果比较长，就得有起伏；如果比较短，就应该英挺有神。眉毛如果浓，就不能有虚浮之光；眉毛如果淡，千万不要像一条干枯的绳子。双眉如果像两把利剑，那这人必将成为统领三军的将帅；而双眉如果像两把破旧的扫帚，杂乱不齐，那这人会有杀身之祸。另外，眉毛还有其他的迹象和征兆，不可不认真地加以辨识。但是，如果眉毛过长并遮盖着双眼使目光显得迟滞无神，眉毛散乱无序使目光显得忧劳无神，眉形过于纤细并带有媚态，眉干过粗过宽缺乏文秀之气，这些都是最下等的眉相。

三

须有多寡，取其与眉相称。多者，宜清、宜疏、宜缩、宜参差不齐；少者，宜光、宜健、宜圆、宜有情照顾。卷如螺纹，聪明豁达；长如解索，风流荣显；劲如张戟①，位高权重；亮若银条，早登廊庙②；皆宦途大器。紫须剑眉，声音洪壮，蓬然虬乱③，尝见耳后。配以神骨清奇，不千里封侯，亦十年拜相。他如"辅须先长终不利"、"人中不见一世穷"、"鼻毛接须多滞晦"、"短髭遮口饿终身"，此其显可见者耳。

【注释】

①劲如张戟：戟，古代的一种兵器，长柄一端装有金属制成的枪尖，枪尖旁有月牙形的锋刀。此处形容胡须刚健有力。

②廊庙：廊，宫殿四周的走廊；庙，王宫的前殿和朝堂，又称太庙。为古代帝王和大臣商议朝政的地方，后代指朝廷。

③蓬然虬乱：虬，古代传说中带角的小龙。此处形容胡须蓬松如虬龙那样坚挺散乱。

【译文】

胡须有的人多有的人少，无论是多还是少，都要与眉毛相称。多须的人，他的胡须应该清秀流畅，疏爽明朗，不直不硬，并且长短分明有致。少须的人，他的胡须就要润泽光亮，刚健挺直，气韵十足，并与其他部位相互映衬。胡须如果像螺纹一样弯弯曲曲，这人一定非常聪明，目光长远，豁达大度。胡须如果细长，像磨损的绳子一样到处是细弯小曲，这种人生性风流倜傥，却没有淫乱之心，将来一定能名高位显。胡须刚劲有力，如同一把张开的利戟，这种人将来一定位高权重。胡须清新明朗，像闪闪发光的银条，这种人年纪轻轻就会成为朝中重臣。以上这些都是仕途官场上大材大器的人物。如果胡须黑中带红，眉毛像利剑那样挺拔威严，声音洪亮粗壮；或者胡须像虬龙那样蓬松劲挺，有时还长到耳朵后边去，再配上一副清爽和英俊的骨骼与精神，这样的人即使不能受封为千里之地的王侯，也能做好几年的宰相。其他的，如下巴和两腮先长出胡须，前程不利。人中没有胡须，一辈子受苦受穷。鼻毛与胡须相连，命运不顺，前景黯然。鼻唇之间的短髭过长而遮住了嘴，将一辈子忍饥挨饿，等等。这些胡须的凶相是显而易见的，这里就不详细论述了。

声音

一

人之声音,犹天地之气,轻清上浮,重浊下坠。始于丹田①,发于喉,转于舌,辨于齿,出于唇,实与五音②相配。取其自成一家,不必一一合调,闻声相思,其人斯在,宁必一见决英雄哉!

【注释】

① 丹田:多指人体脐下三寸处之关元穴。

② 五音:指宫、商、角、徵、羽五音。五音之中,宫属土,商属金,角属木,徵属火,羽属水。其具体特征为宫声沉厚、商声圆润、角声高畅、徵声焦烈、羽声圆急。《太清神鉴》:"人之禀五行之形,其声亦有五声之象。"古人认为声音的五行属性与人形体的五行属形和特征相符便是吉祥,否则为不吉。

【译文】

人的声音和天地之间的阴阳五行之气一样有清浊之分。清亮的声音轻悠而上扬,浑浊的声音沉重而下坠。声音起始于丹田,在喉头发出声响,随着舌头的转动,经过牙齿形成清声和浊声,最后经由嘴唇发出来,这恰好与宫、商、角、徵、羽五音相对应。观人识鉴的时候,听人的声音,要能辨识这个人声音的独特之处,而不一定要求完全与五音相符合。只要听到声音就会想到这个人,这样就会闻其声而知其人,而不一定要见到本人才能知道他究竟是个英才还是庸人。

二

声与音不同。声主"张",寻发处见;音主"敛",寻歇处见。辨声之法,必辨喜怒哀乐:喜如折竹,怒如阴雷起地,哀如石击薄冰,乐如雪舞风起,大概以"轻清"为上。

声雄者,如钟则贵,如锣则贱;声雌者,如雉鸣则贵,如蛙鸣则贱。远听声雄,近听悠扬,起若乘风,止如拍琴,上上。"大言不张唇,细言不露齿",上也。

出而不返,荒郊牛鸣;急而不达,深处鼠嚼;或字句相联,喋喋利口①;或齿喉隔断,嗟嗟混谈②:市井之夫,何足比较?

【注释】

① 喋(dié)喋利口:说话没完没了,嘴快声急的样子。

② 嗟(jiē)嗟混谈:吞吞吐吐,含混不清的样子。

【译文】

声和音似乎同一,其实差别很大。声是由发音器官的启动而产生的,可以在发音器官启动的时候听见;而音在发音器官闭合的时候产生,是声在空气中传播的浑响状态,在发音器官闭合的时候才可以感觉到它。

辨别声的方法很多,首要的是要辨别发音之人在喜怒哀乐不同情绪里发声的情况。欣喜之时发出的声,宛如翠竹折断,清脆悦耳;愤怒之时发出的声,就如平地一声惊雷,豪壮猛烈;悲哀之时发出的声,则如击碎一块薄冰,凄切悲伤;欢乐之时发出的声,就如雪花在风中飞舞,宁静洒脱。总之,都以清脆、轻扬为悦耳之声。

如果是刚健雄浑的阳刚之声,像钟声一样激越洪亮为高贵,如果像敲锣之声一样浮泛轻薄就很卑贱。如果是温润文秀的阴柔之声,那么像鸡鸣一样清朗悠扬就是高贵;像蛙鸣一样喧嚣空泛就很卑贱。从远处听,其声刚健激越,而在近处听,却又温润悠扬。起声的时候如乘风飞动,悦耳动听,止声的时候又如高手抚琴,雍容自若,这才是所发之声中的最佳。俗话说,"高声畅言也不需大张其口,低声细语也要牙齿含而不露",这才是发声中的较佳者。

如果发出的声音像荒郊旷野中孤牛的哀鸣,虚浮散漫没有余韵;或者像夜深人静时老鼠偷吃东西发出的声音一样,急切而断续；说话时一句紧跟一句，急促却又语无伦次，前言不搭后语；说话时口齿不清，吞吞吐吐，嗫嚅含糊。这几种都属于市井中人的粗鄙俗陋之声，又怎么能与以上几种佳声相比较呢？

三

音者，声之余也，与声相去不远，此则从细曲中见耳。贫贱者有声无音，尖巧者有音无声，所谓"禽无声，兽无音"是也。

凡人说话，是声散在左右前后者。开谈多含情，话终有余响，不唯雅人，兼称国士；口阔无溢出，舌尖无窕音，不唯实厚，兼获名高。

【译文】

音，是声传播的余波余韵。音和声差别不大，它们之间的差异只有从细微的地方才可以听出来。贫穷卑贱的人说话往往只有声而没有余音，显得粗野而无文；圆滑尖巧的人说话则只有音而无声，显得虚伪做作。所谓"鸟鸣无声，兽叫无音"，说的就是这种情形。

普通人说话，只不过是一种声响散布在周围空气中而已，并无余音可言。如果说话的时候，一开口就情动于中，到说完话了，仍有余音缭绕，这种人不仅温文尔雅，而且可以称得上是社会名流。如果说话的时候，即使口阔嘴大，却先出气而后发声，口齿伶俐，又不矫揉轻佻。这不仅表明这个人自身内在素养深厚，而且预示着他还会获得盛名美誉。

气色

一

面部如命,气色①如运。大命固宜整齐,小运亦当亨泰。是故光焰不发,珠玉与瓦砾同观;藻绘未扬,明光与布葛齐价。大者主一生祸福,小者亦三月吉凶。

【注释】

① 气色:中国古代哲学概念。气为生命原动力,无形无体无色无味。色为气的外在表现形式之一。

【译文】

如果说面相象征并体现着人的大命,那么气色之相则象征并体现着人的小运。人生际遇的基本格局,即大命,是先天生成的,与后天遭遇保持均衡,某一状态下的具体遭遇,即小运,也应该一直保持顺利。所以如果光辉不能焕发出来,即使是珍珠宝玉,也和碎砖烂瓦没有什么不同;如果色彩不能呈现出来,即使是绫罗锦绣,也和粗布糙葛没有什么区别。大命能够决定一个人一生的祸福,小运也能决定一个人几个月的吉凶。

二

人以气为主,于内为精神,于外为气色。有终身之气色,"少淡、长明、壮艳、老素"是也。有一年之气色,"春青、夏红、秋黄、冬白"①是也。有一月之气色,"朔后森发,望后隐跃"②是也。有一日之气色,"早青、昼满、晚停、暮静"③是也。

【注释】

① 春青、夏红、秋黄、冬白:春青,青属木,木色尚青。夏红,夏属火,火色尚红。秋黄,秋属金,金色尚白,白色为凶色,非所宜,所宜为黄色。冬白,冬属水,水色尚黑,黑色伤肾,非所

宜，所宜为白色。

②朔后森发，望后隐跃：朔，朔日，农历每月初一日。森发，像树木枝叶一样生长发叶。望，望日，农历每月十五日。朔是日月相会的日子，月至此渐趋圆，所以说朔后森发。望是日月相望的日子，月至此渐趋隐，所以说望后隐跃。

③早青、昼满、晚停、暮静：清晨气色初开，为早青；白天气色充盈，为昼满；傍晚万物消停，为晚停；深夜人静安宁，为暮静。

【译文】

气是一个人生存和发展的支柱，在内部表现为人的精神，在表面表现为人的气色。气色有各种不同的形态：其中有贯穿人一生的气色，俗话说的"少年时期气色为淡，所谓的淡，就是气稚色薄；青年时期气色为明，所谓的明，就是气勃色明；壮年时期气色为艳，所谓的艳，就是气丰色艳；老年时期气色为素，所谓的素，就是气实色朴"，就是指这种气色。有贯穿一年的气色，俗话说的"春季气色为青色——木色即春色，夏季气色为红色——火色即夏色，秋季气色为黄色——土色即秋色，冬季气色为白色——水色即冬色"，就是指这种气色。有贯穿一月的气色，俗话说的"每月初一之后如枝叶盛发，十五之后则若隐若现"，就是这种气色。有贯穿一天的气色，俗话说的"早晨开始复苏，白天充盈饱满，傍晚渐趋隐伏，夜间安宁平静"，就是指这种气色。

三

科名中人①，以黄为主，此正色也。黄云盖顶，必掇大魁②；黄翅入鬓，进身不远；印堂黄色，富贵逼人；明堂素净，明年及第③。他如眼角霞鲜，决利小考；印堂垂紫，动获小利；红晕中分，定产佳儿；两颧红润，骨肉发达。由此推之，足见一斑矣。

【注释】

①科名中人：科举时代应试中选者，考中为登科。

②必掇（duō）大魁：掇，摘取。大魁，科举考试中，殿试一甲第一名，即状元。

③明年及第：科举考称解元、会元、状元为三元及第。旧制乡试在头一年秋季，而会试在次年春季，所以为明年及第。

【译文】

对于追求功名的士子来说，面部气色以黄色为主贵，因为黄色是正色、吉色。如果有一道黄色的彩云覆盖在他头顶，那么这位士子必然会在科考殿试中一举夺魁，高中状元；如果两颧部位各有一片黄色向外延展，像双翅直插双鬓，那么这位士子离登科升官或封爵受禄将为期不远了；如果命宫印堂呈黄色，那么这位士子很快就会大富大贵；如果明堂部位即鼻子白润而净洁，那么这位士子必能科考及第。其他面部气色，如眼角，即鱼尾部位充盈红紫二色，形状像绚丽的云霞，那么这位士子小考必然能够榜上有名；如果命宫印堂有一片紫色出现，那么此人经常会有一些钱财之利；如果两眼下方各有一片红晕，而且被鼻梁居中分隔开来，互不连接，那么这人肯定会喜得贵子；如果颧骨部位红润光泽，那么可以肯定，此人的亲人必然能够立功显名、飞黄腾达。由此推而广之，足以见面部气色与人的命运的关系。

四

色忌青，忌白。青常见于眼底，白常见于眉端。然亦有不同：心事忧劳，青如凝墨；祸生不测，青如浮烟；酒色愆倦，白如卧羊；灾晦催人，白如傅粉。又有青而带紫，金形遇之而飞扬，白而有光，土庚相当亦富贵，又不在此论也。

最不佳者："太白夹日月，乌鸟集天庭，桃花散面颊，赪尾守地阁。"①有一于此，前程退落，祸患再三矣。

【注释】

①太白夹日月……赪（chēng）尾守地阁：太白，星名，即启明星，因明亮呈白色而得名。古人认为此星主杀伐，此色主灾

祸。日月，指日角和月角。日角在左眉骨隆起处至左边发际，月角在右眉骨隆起处至右边发际。乌鸟即乌鸦，借指黑色。桃花借指红色的斑点。赭，红色。古人认为这些都是不吉之相。

【译文】

  面部气色忌讳青色，也忌讳白色。青色一般出现在眼睛下方，白色则经常出现在眉梢。它们的具体情形又各有不同：如果是因为心事烦扰而面呈青色，那么这种青色多半浓且厚，形状像凝墨；如果是因为遭遇飞来横祸而面呈青色，那么这种青色一定轻重不均匀，像浮烟一样浓淡不一；如果是因为嗜酒好色精神疲惫而面呈白色，那么它的形状一定像一头卧羊，不久就会消散；如果是因为遭遇了大灾难而面呈白色，那么这种白色一定像枯骨一样阴惨，充满死气。还有青中带紫的气色，如果是金形人遇到这种气色，一定能够飞黄腾达；也有白润光泽的气色，如果土形兼金形人面上呈现这种气色，也会获得富贵，这些都是特例，不在以上讨论之列。

  而最不佳的，是以下四种气色：眼圈周围都是白色，这种面相主丧乱；额头集聚黑色，这种面相主参革；或面颊呈桃红色，这种面相主刑狱；地阁为赤色，这种面相主凶亡。只要有上述四种面色中的一种，都会前途黯淡，灾祸连连。

五

  书味深者，面自粹润；保养完者，神自充足。此不可以伪为，必火候既到，乃有此验。

【译文】

  饱读圣贤书的人，脸色自然而然就光艳润泽；修养到家又自我要求严格的人，神气自然就会充盈旺盛。这是伪装也伪装不了的，只有修炼到了火候，才会产生这种效果。

附录

曾国藩遗嘱

余通籍三十余年，官至极品，而学业一无所成，德行一无可许，老人徒伤，不胜悚惶惭赧。今将永别，特立四条以教汝兄弟。

一曰慎独则心安。自修之道，莫难于养心；养心之难，又在慎独。能慎独，则内省不疚，可以对天地、质鬼神。人无一内愧之事，则天君泰然，此心常快、足宽平，是人生第一自强之道，第一寻乐之方，守身之先务也。

二曰主敬则身强。内而专静统一，外而整齐严肃，敬之工夫也；出门如见大宾，使民为承大祭，敬之气象也；修己以安百姓，笃恭而天下平，敬之效验也。聪明睿智，皆由此出。庄敬日强，安肆日偷。若人无众寡，事无大小，一一恭敬，不敢懈慢，则身体之强健，又何疑乎？

三曰求仁则人悦。凡人之生，皆得天地之理以成性，得天地之气以成形，我与民物，其大本乃同出一源。若但知私己而不知仁民爱物，是于大本一源之道已悖而失之矣。至于尊官厚禄，高居人上，则有拯民溺、救民饥之责。读书学古，粗知大义，即有觉后知、觉后觉之责。孔门教人，莫大于求仁，而其最初者，莫要于欲立立人、欲达达人数语。立人达人之人，人有不悦而归之者乎？

四曰习劳则神钦。人一日所着之衣、所进之食，与一日所行之事、所用之力相称，则旁人趄之，鬼神许之，以为彼自食其力也。若农夫织妇终岁勤动，以成数石之粟、数尺之布，而富贵之家终岁逸乐，不营一业，而食必珍馐，衣必锦绣。酣豢高眠，一呼百诺，此天下最不平之事，鬼神所不许也，其能久乎？古之圣君贤相，盖无时不以勤劳自励。为一身计，则必操习技艺，磨练筋骨，困知勉行，操心危虑，而后可以增智慧而长才识。为天下计，则必己饥己溺，一夫不获，引为余辜。大禹、墨子皆极俭以奉身，而极勤以救民。勤则寿，逸则夭；勤则有材而见用，逸则无劳而见弃；勤则博济斯民而神祇钦仰，逸则无补于人而神鬼不歆。

此四条为余数十年人世之得，汝兄弟记之行之，并传之于子子孙孙，则余曾家可长盛不衰，代有人才。

清史稿·列传一百九十二　曾国藩传

曾国藩,初名子城,字涤生,湖南湘乡人。家世农。祖玉屏,始慕乡学。父麟书,为县学生,以孝闻。国藩,道光十八年进士。二十三年,以检讨典试四川,再转侍读,累迁内阁学士、礼部侍郎,署兵部。时太常寺卿唐鉴讲学京师,国藩与倭仁、吴廷栋、何桂珍严事之,治义理之学。兼友梅曾亮及邵懿辰、刘传莹诸人,为辞章考据,尤留心天下人才。

咸丰初,广西兵事起,诏群臣言得失。奏陈今日急务,首在用人,人才有转移之道,有培养之方,有考察之法。上称其剀切明辨。寻疏荐李棠阶、吴廷栋、王庆云、严正基、江忠源五人。寇氛益炽,复上言:"国用不足,兵伍不精,二者为天下大患。于岁入常额外,诚不可别求搜刮之术,增一分则民受一分之害。至岁出之数,兵饷为钜,绿营兵额六十四万,常虚六七万以资给军用。自乾隆中增兵议起,岁縻帑二百余万。其时大学士阿桂即忧其难继,嘉、道间两次议裁,不及十之四,仍宜汰五万,复旧额。自古开国之初,兵少而国强,其后兵愈多则力愈弱,饷愈多则国愈贫。应请皇上注意将才,但使七十一镇中有十余镇足为心腹,则缓急可恃矣。"又深痛内外臣工谄谀欺饰,无陈善责难之风。因上《敬陈圣德预防流弊》一疏,切指帝躬,有人所难言者,上优诏答之。历署刑部、吏部侍郎。二年,典试江西,中途丁母忧归。

三年,粤寇破江宁,据为伪都,分党北犯河南、直隶,天下骚动,而国藩已前奉旨办团练于长沙。初,国藩欲疏请终制,郭嵩焘曰:"公素具澄清之抱,今不乘时自效,如君父何?且墨绖从戎,古制也。"遂不复辞。取明戚继光遗法,募农民朴实壮健者,朝夕训练之。将领率用诸生,统众数不逾五百,号"湘勇"。腾书遐迩,虽卑贱与钧礼。山野才智之士感其诚,莫不往见,人人皆以曾公可与言事。四境土匪发,闻警即以湘勇往。

立三等法，不以烦府县狱。旬月中，莠民猾胥，便宜捕斩二百余人。谤讟四起，自巡抚司道下皆心诽之，至以盛暑练操为虐士。然见所奏辄得褒答受主知，未有以难也。一日标兵与湘勇閧，至阑入国藩行台。国藩亲诉诸巡抚，巡抚漫谢之，不为理，即日移营城外避标兵。或曰："曷以闻？"国藩叹曰："大难未已，吾人敢以私愤渎君父乎？"

尝与嵩焘、忠源论东南形势多阻水，欲剿贼非治水师不可，乃奏请造战舰于衡州。匠卒无晓船制者，短桡长桨，出自精思，以人力胜风水，遂成大小二百四十舰。募水陆万人，水军以褚汝航、杨载福、彭玉麟领之，陆军以塔齐布、罗泽南领之。贼自江西上窜，再陷九江、安庆。忠源战殁庐州，吴文镕督师黄州亦败死。汉阳失，武昌戒严，贼复乘势扰湖南。国藩锐欲讨贼，率水陆军东下。舟师初出湖，大风，损数十艘。陆师至岳州，前队溃退，引还长沙。贼陷湘潭，邀击靖港，又败，国藩愤投水，幕下士章寿麟掖起之，得不死。而同时塔齐布大破贼湘潭，国藩营长沙高峰寺，重整军实，人人揶揄之。或请增兵，国藩曰："吾水陆万人非不多，而遇贼即溃。岳州之败，水师拒战者惟载福一营；湘潭之战，陆师塔齐布、水师载福各两营：以此知兵贵精不贵多。故诸葛败祁山，且谋减兵损食，勤求己过，非虚言也。且古人用兵，先明功罪赏罚。今世乱，贤人君子皆潜伏，吾以义声倡导，同履危亡。诸公之初从我，非以利动也，故于法亦有难施，其致败由此。"诸将闻之皆服。

陆师既克湘潭，巡抚、提督上功，而国藩请罪。上诘责提督鲍起豹，免其官，以塔齐布代之。受印日，士民聚观，叹诧国藩为知人，而天子能明见万里也。贼自岳州陷常德，旋北走，武昌再失。国藩引兵趋岳州，斩贼枭将曾天养，连战，下城陵矶。会师金口，谋取武昌。泽南沿江东岸攻花园寇屯，塔齐布伏兵洪山，载福舟师深入寇屯，士皆露立，不避铅丸。武昌、汉阳贼望见官军盛，宵遁，遂复二郡。国藩以前靖港败，自请夺官，至是奏上，诏署湖北巡抚，寻加兵部侍郎衔，解署任，命督师东下。

当是时，水师奋厉无前，大破贼田家镇，毙贼数万，至于九江，前锋薄湖口。攻梅家洲贼垒不下，驶入鄱湖。贼筑垒湖口断其后，舟不得出，于是外江、内湖阻绝。外江战船无小艇，贼乘舴艋夜袭营，掷火烧坐船，国藩跳而免，水师遂大乱。上疏请罪，诏旨宽免，谓于大局无伤也。五年，贼再陷武汉，扰荆襄。国藩遣胡林翼等军还援湖北，塔齐布留攻九江，而躬至南昌抚定水师之困内湖者。泽南从征江西，复弋阳，拔广信，破义宁，而塔齐布卒于军。国藩在江西与巡抚陈启迈不相能，泽南奔命往来，上书国藩，言东南大势在武昌，请率所部援鄂，国藩从之。幕客刘蓉谏曰："公所恃者塔、罗。今塔将军亡，罗又远行，脱有急，谁堪使者？"国藩曰："吾计之熟矣，东南大局宜如是，俱困于此无为也。"嵩焘祖饯泽南曰："曾公兵单，奈何？"泽南曰："天苟不亡本朝，公必不死。"九月，补授兵部侍郎。

六年，贼酋石达开由湖北窜江西，连陷八府一州，九江贼踞自如，湖南北声息不相闻。国藩困南昌，遣将分屯要地，羽檄交驰，不废吟诵。作《水陆师得胜歌》，教军士战守技艺、结营布陈之法，歌者咸感奋，以杀贼敢死为荣。顾众寡，终不能大挫贼。议者争请调泽南军，上以武汉功垂成，不可弃。泽南督战益急，卒死于军。玉麟闻江西警，芒鞋走千里，穿贼中至南昌助守。林翼已为湖北巡抚，国藩弟国华、国葆用父命乞师林翼，将五千人攻瑞州。湖南巡抚骆秉章亦资国荃兵援吉安，兄弟皆会行间。而国藩前所遣援湖北诸军，久之再克武汉，直下九江，李续宾八千人军城东。续宾者，与弟续宜皆泽南高第弟子也。载福战船四百泊江两岸，江宁将军都兴阿马队、鲍超步队驻小池口，凡数万人。国藩本以忧惧治军，自南昌迎劳，见军容甚盛，益申儆告诫之。而是时江南大营溃，督师向荣退守丹阳，卒。和春为钦差大臣，张国樑总统诸军攻江宁。

七年二月，国藩闻父忧，迳归。给三月假治丧，坚请终制，允开侍郎缺。林翼既定湖北，进围九江，破湖口，水师绝数年复合。载福连拔望江、东流，扬过安庆，克铜陵泥汊，与江南军通。由是湘军水师名天下。林翼以此军创始国藩，杨、彭皆其旧部，请起国藩视师。会九江克复，石达开窜浙江，浸及福建，分股复犯江西，朝旨诏国藩出办浙江军务。

国藩至江西，屯建昌，又诏援闽。国藩以闽贼不足虑，而景德地冲要，遣将援赣北，攻景德。国荃追贼至浮梁，江西列城次第复。时石达开复窜湖南，围宝庆。上虑四川且有变，林翼亦以湖北饷倚川盐，而国藩又久治兵，无疆寄，乃与官文合疏请国藩援蜀。会贼窜广西，上游兵事解，而陈玉成再破庐州，续宾战殁三河，林翼以群盗蔓庐、寿间，终为楚患，乃改议留国藩合谋皖。军分三道，各万人。国藩由宿松、石牌规安庆，多隆阿、鲍超出太湖取桐城，林翼自英山乡舒、六。多隆阿等既大破贼小池，复太湖、潜山，遂军桐城。国荃率诸军围安庆，与桐城军相犄角。安庆未及下，而皖南贼陷广德，袭破杭州。

李秀成大会群贼建平，分道援江宁，江南大营复溃，常州、苏州相继失，咸丰十年闰三月也。左宗棠闻而叹曰："此胜败之转机也！江南诸军，将蹇兵疲久矣。涤而清之，庶几后来可藉手乎？"或问："谁可当者？"林翼曰："朝廷以江南事付曾公，天下不足平也。"于是天子慎选帅，就加国藩兵部尚书衔，署理两江总督，旋即真，授钦差大臣。是时江、浙贼氛炽，或请撤安庆围先所急。国藩曰："安庆一军为克金陵张本，不可动也。"遂南渡江，驻祁门。江、浙官绅告急书日数十至，援苏、援沪、援皖、援镇江诏书亦叠下。国藩至祁门未数日，贼陷宁国，陷徽州。东南方困兵革，而英吉利复失好，以兵至。僧格林沁败绩天津，文宗狩热河，国藩闻警，请提兵北上，会和议成，乃止。

其冬，大为贼困，一出祁门东陷婺源；一出祁门西陷景德；一入羊栈岭攻大营。军报绝不通，将吏慄然有忧色，固请移营江干就水师。国藩曰："无故退军，兵家所忌。"卒不从，使人间行檄鲍超、张运兰亟引兵会。身在军中，意气自如，时与宾佐酌酒论文。自官京朝，即日记所言行，后履危困无稍间。国藩驻祁门，本资饷江西，及景德失，议者争言取徽州通浙米。乃自将大军次休宁，值天雨，八营皆溃，草遗嘱寄家，誓死守休宁。適宗棠大破贼乐平，运道通，移驻东流。多隆阿连败贼桐城，鲍超一军游击无定居，林翼复遣将助之。十一年八月，国荃遂克安庆。捷闻，而文宗崩，林翼亦卒。穆宗即位，太后垂帘听政，加国藩太子少保衔，命节制江苏、安徽、江西、浙江四省。国藩惶惧，疏辞，不允，朝有大政，咨而后行。

当是时，伪天王洪秀全僭号踞金陵，伪忠王李秀成等犯苏、沪，伪侍王李世贤等陷浙杭，伪辅王杨辅清等屯宁国，伪康王汪海洋窥江西，伪英王陈玉成屯庐州，捻首苗霈霖出入颍、寿，与玉成合，图窜山东、河南，众皆号数十万。国藩与国荃策进取，国荃曰："急捣金陵，则寇必以全力护巢穴，而后苏、杭可图也。"国藩然之。乃以江宁事付国荃，以浙江事付宗棠，而以江苏事付李鸿章。鸿章故出国藩门，以编修为幕僚，改道员，至是令从淮上募勇八千，选良将付之，号"淮军"。同治元年，拜协办大学士，督诸军进讨。于是国荃有捣金陵之师，鸿章有征苏、沪之师，载福、玉麟有肃清下游之师；大江以北，多隆阿有取庐州之师，续宜有援颍州之师；大江以南，鲍超有攻宁国之师，运兰有防剿徽州之师，宗棠有规复全浙之师：十道并出，皆受成于国藩。

贼之都金陵也，坚筑壕垒，饷械足，猝不可拔。疾疫大作，将士死亡山积，几不能军。国藩自以德薄，请简大臣驰赴军，俾分己责，上优诏慰勉之，谓："天灾流行，岂卿一人之咎？意者朝廷政多缺失，我君臣当勉图禳救，为民请命。且环顾中外，才力、气量无逾卿者！时势艰难，无稍懈也。"国藩读诏感泣。时洪秀全被围久，召李秀成苏州，李世贤浙江，悉众来援，号六十万，围雨花台军。国荃拒战六十四日，解去。三年五月，水师克九洑洲，江宁城合围。十月，鸿章克苏州。四年二月，宗棠克杭州。国藩以江宁久不下，请鸿章来会师，未发，国荃攻益急，克之。江宁平，天子褒功，加太子太傅，封一等毅勇侯，赏双眼翎。开国以来，文臣封侯自是始。朝野称贺，而国藩功成不居，粥粥如畏。穆宗每简督抚，辄密询其人，未敢指缺疏荐，以谓疆臣既专征伐，不当更分黜陟之柄，外重内轻之渐，不可不防。

初，官军积习深，胜不让，败不救。国藩练湘军，谓必万众一心，乃可办贼，故以忠诚倡天下。其后又谓淮上风气劲，宜别立一军。湘勇利山径，驰骋平原非所长，且用武十年，气亦稍衰矣，故欲练淮士为湘勇之继。至是东南大定，裁湘军，进淮军，而捻匪事起。

捻匪者，始于山东游民相聚，其后剽掠光、固、颍、亳、淮、徐之间，捻纸燃脂，故谓之"捻"。有众数十万，马数万，蹂躏数千里，分合不常。捻首四人，曰张总愚、任柱、牛洪、赖文光。自洪寇、苗练尝纠捻与官军战，益悉攻斗，胜保、袁甲三不能御。僧格林沁征讨数年，亦未能大创之。国藩闻僧军轻骑追贼，一日夜三百余里，曰："此于兵法，必蹶上将军。"未几而王果战殁曹州，上闻大惊，诏国藩速赴山东剿捻，节制直隶、山东、河南三省，而鸿章代为总督，廷旨日促出师。国藩上言："楚军裁撤殆尽，今调刘松山一军及刘铭传淮勇尚不足。当更募徐州勇，以楚军之规模，开齐、兖之风气；又增募马队及黄河水师，皆非旦夕可就。直隶宜自筹防兵，分守河岸，不宜令河南之兵兼顾河北。僧格林沁尝周历五省，臣不能也。如以徐州为老营，则山东之兖、沂、曹、济，河南之归、陈，江苏之淮、徐、海，安徽之庐、凤、颍、泗，此十三府州责之臣，而以其余责各督抚。汛地有专属，则军务乃渐有归宿。"又奏："扼要驻军临淮关、周家口、济宁、徐州，为四镇。一处有急，三处往援。今贼已成流寇，若贼流而我与之俱流，必致疲于奔命。故臣坚持初议，以有定之兵，制无定之寇，重迎剿，不重尾追。"然督师年余，捻驰突如故。将士皆谓不苦战而苦奔逐，乃起张秋抵清江筑长墙，凭运河御之，未成而捻窜襄、邓间，因移而西，修沙河、贾鲁河，开壕置守。分地甫定，而捻冲河南汛地，复突而东。时议颇咎国计迂阔，然亦无他术可制捻也。

山东、河南民习见僧格林沁战，皆怪国藩以督兵大臣安坐徐州，谤议盈路。国藩在军久，益慎用兵。初立驻军四镇之议，次设扼守黄运河之策。既数为言路所劾，亦自以防河无效，朝廷方起用国荃，乃奏请鸿章以江督出驻徐州，与鲁抚会办东路；国荃以鄂抚出驻襄阳，与豫抚会办西路，而自驻周家口策应之。或又劾其骄妄，于是国藩念权位不可久处，益有忧谗畏讥之心矣。匄病假数月，继请开缺，以散员留军效力；又请削封爵：皆不许。

五年冬，还任江南，而鸿章代督军。时牛洪死，张总愚窜陕西，任柱、赖文光窜湖北，自是有东西捻之号。六年，就补大学士，留治所。东捻由河南窜登、莱、青，李鸿章、刘长佑建议合四省兵力堵运河。贼复引而西，越胶、莱、河南入海州。官军阵斩任柱，赖文光走死扬州。以东捻平，加国藩云骑尉世职。西捻入陕后，为松山所败。乘坚冰渡河窜山西，入直隶，犯保定、天津。松山绕出贼前，破之于献县。诸帅勤王师大至，贼越运河窜东昌、武定。鸿章移师德州，河水盛涨，扼河以困之。国藩遣黄翼升领水师助剿，大破贼于荏平。张总愚赴水死，而西捻平。凡防河之策，皆国藩本谋也。是年授武英殿大学士，调直隶总督。

国藩为政务持大体，规全势。其策西事，议先清陇寇而后出关；筹滇、黔，议以蜀、湘二省为根本。皆初立一议，后数年卒如其说。自西人入中国，交涉事日繁。金陵未下，俄、美、英、法皆请以兵助，国藩婉拒之。及廷议购机轮，置船械，则力赞其成，复建议选学童习艺欧洲。每定约章，辄诏问可许不可许，国藩以为争彼我之虚仪者可许，其夺吾民生计者勿许也。既至直隶，以练兵、饬吏、治河三端为要务，次第兴革，设清讼局、礼贤馆，政教大行。

九年四月，天津民击杀法领事丰大业，毁教堂，伤教民数十人。通商大臣崇厚议严惩之，民不服。国藩方病目，诏速赴津，乃务持平保和局，杀十七人，又遣戍府县吏。国藩之初至也，津民谓必反崇厚所为，备兵以抗法。然当是时，海内初定，湘军已散遣，天津咫尺京畿，民、教相阋，此小事不足启兵端，而津民争怨之。平生故旧持高论者，日移书谯让，省馆至毁所署楹帖，而国藩深维中外兵势强弱，和战利害，惟自引咎，不一辩也。丁日昌因上奏曰："自古局外议论，不谅局中艰苦，一唱百和，亦足以荧上听，挠大计。卒之事势决裂，国家受无穷之累，而局外不与其祸，反得力持清议之名，臣实痛之！"

国藩既负重谤，疾益剧，乃召鸿章治其狱，逾月事定，如初议。会两江缺出，遂调补江南，而以鸿章督直隶。江南人闻其至，焚香以迎。以乱后经籍就燔，设官书局印行，校刊皆精审。礼聘名儒为书院山长，其幕府亦极一时之选，江南文化遂比隆盛时。

国藩为人威重，美须髯，目三角有棱。每对客，注视移时不语，见者悚然，退则记其优劣，无或爽者。天性好文，治之终身不厌，有家法而不囿于一师。其论学兼综汉、宋，以谓先王治世之道，经纬万端，一贯之以礼。惜秦蕙田《五礼通考》阙食货，乃辑补盐课、海运、钱法、河堤为六卷；又慨古礼残阙无军礼，军礼要自有专篇，如戚敬元所纪者。论者谓国藩所订营制、营规，其于军礼庶几近之。晚年颇以清静化民，俸入悉以养士。老儒宿学，群归依之。尤知人，善任使，所成就荐拔者，不可胜数。一见辄品目其材，悉当。时举先世耕读之训，教诫其家。遇将卒僚吏若子弟然，故虽严惮之，而乐为之用。居江南久，功德最盛。

同治十三年，薨于位，年六十二。百姓巷哭，绘像祀之。事闻，震悼，辍朝三日。赠太傅，谥文正，祀京师昭忠、贤良祠，各省建立专祠。子纪泽袭爵，官至侍郎，自有传；纪鸿赐举人，精算，见畴人传。

论曰：国藩事功本于学问，善以礼运。公诚之心，尤足格众。

其治军行政，务求蹈实。凡规画天下事，久无不验，世皆称之，至谓汉之诸葛亮、唐之裴度、明之王守仁，殆无以过，何其盛欤！国藩又尝取古今圣哲三十三人，画像赞记，以为师资，其平生志学大端，具见于此。至功成名立，汲汲以荐举人才为己任，疆臣阃帅，几遍海内。以人事君，皆能不负所知。呜呼！中兴以来，一人而已。

《曾文正公嘉言钞》序
梁启超

曾文正者，岂惟近代，盖有史以来不一二睹之大人也已；岂惟我国，抑全世界不一二睹之大人也已。然而文正固非有超群绝伦之天才，在并时诸贤杰中称最钝拙；其所遭值事会，亦终身在拂逆之中。然乃立德、立功、立言，三并不朽，所成就震古烁今，而莫与京者，其一生得力在立志，自拔于流俗，而困而知，而勉而行，历百千艰阻而不挫屈；不求近效，铢积寸累，受之以虚，将之以勤，植之以刚，贞之以恒，帅之以诚，勇猛精进，坚苦卓绝。如斯而已，如斯而已！

孟子曰："人皆可以为尧舜。"尧舜信否尽人皆可学焉而至，吾不敢言；若曾文正之尽人皆可学焉而至，吾所敢言也。何也？文正所受于天者，良无以异于人也。且人亦孰不欲向上？然生当学绝道丧、人欲横流之会，窳败之习俗，以雷霆万钧之力，相罩相压，非甚强毅者，固不足以抗围之。荀卿亦有言："庸众驽散，则劫之以师友。"而严师畏友，又非可亟得之于末世，则夫滔滔者之日趋于下，更奚足怪！其一二有志之士，其亦惟乞灵典册，得片言单义而持守之，以自鞭策，自夹辅，自营养，犹或可以杜防堕落而渐进于高明。古人所以得一善，则拳拳服膺而日三复，而终身诵焉也。抑先圣之所以扶世教、正人心者，四书六经亦盖备矣。然义丰词约，往往非末学所骤能领会，且亦童而习焉，或以为陈言而忽不加省也。近古诸贤阐扬辅导之言，益汗牛充栋，然其义大率偏于收敛，而贫于发扬。夫人生数十寒暑，受其群之荫以获自存，则于其群岂能不思所报？报之则必有事焉，非曰逃虚守静而即可以告无罪也明矣，于是乎不能不日与外境相接构。且既思以己之所信易天下，则行且终其身以转战于此浊世。若何而后能磨炼其身心，以自立于不败？若何而后能遇事物泛应曲当，无所挠枉？天下最大之学问，殆无以过此！非有所程式而养之于素，其孰能致者？

曾文正之殁，去今不过数十年，国中之习尚事势，皆不甚相远。而文正以朴拙之姿，起家寒素，饱经患难，丁人心陷溺之极运，终其生于挫折讥妒之林，惟恃一己之心力，不吐不茹，不靡不回，卒乃变举世之风气，而挽一时之浩劫。彼其所言，字字皆得之阅历而切于实际，故其亲切有味，资吾侪当前之受用者，非唐宋以后儒先之言所能逮也。

孟子曰："闻伯夷之风者，懦夫有立志。"又曰："奋乎百世之上，百世之下闻者莫不兴起。"况相去仅一世，遗泽未斩，模楷在望者耶？则兹编也，其真全国人之布帛菽粟而斯须不可去身者也。

出 版 人：史宝明
出 品 人：许　永
责任编辑：周亚灵
特邀编辑：黎福安
装帧设计：海　云
印制总监：蒋　波
发行总监：田峰峥

投稿信箱：cmsdbj@163.com
发　　行：北京创美汇品图书有限公司
发行热线：010-59799930

创美工厂　　　创美工厂
官方微博　　微信公众平台